学前教育专业新形态系列教材

幼儿园

多媒体课件设计与制作

微课版教程

第3版

方绪军 蒋丽娟 ◎ 主编

曹祥勇 程娟 ◎ 副主编

人民邮电出版社

北 京

图书在版编目（CIP）数据

幼儿园多媒体课件设计与制作微课版教程 / 方绪军，
蒋丽娟主编. -- 3 版. -- 北京 : 人民邮电出版社，
2024. 9. --（学前教育专业新形态系列教材）.
ISBN 978-7-115-64589-0

Ⅰ. G436

中国国家版本馆 CIP 数据核字第 20243UY249 号

内 容 提 要

本书系统介绍"幼儿园多媒体课件设计与制作"课程中幼儿园教师需要掌握的知识。本书共 7 章，主要内容包括幼儿园多媒体课件概述、多媒体素材的收集与处理、PPT 演示型课件制作、Flash 动画型课件制作、微课型课件制作，以及其他多媒体课件制作工具。

本书内容翔实，结构清晰，图文并茂，第 2 章～第 7 章均以案例串联知识点，每章均提供练习和拓展知识，方便读者在课后进行练习和拓展。本书大量的案例和练习可以让读者快速、有效地学习实用的技能。

本书不仅可作为高校学前教育相关专业的教材，也可作为幼儿园教师的教学参考用书。

◆ 主　编　方绪军　蒋丽娟
　　副主编　曹祥勇　程　娟
　　责任编辑　连震月
　　责任印制　王　郁　彭志环

◆ 人民邮电出版社出版发行　　北京市丰台区成寿寺路 11 号
　　邮编　100164　电子邮件　315@ptpress.com.cn
　　网址　https://www.ptpress.com.cn
　　北京天宇星印刷厂印刷

◆ 开本：787×1092　1/16
　　印张：12.5　　　　　　　　　2024 年 9 月第 3 版
　　字数：325 千字　　　　　　　2025 年 6 月北京第 3 次印刷

定价：49.80 元

读者服务热线：(010)81055256　印装质量热线：(010)81055316
反盗版热线：(010)81055315

前 言

教育是全人类共同关注的话题，教育不仅关系着个人的成长和发展，也关系着社会与国家的进步和繁荣。党的二十大报告指出，教育、科技、人才是全面建设社会主义现代化国家的基础性、战略性支撑。而幼儿教育，就是教育的第一步，是教育的基石。当今世界技术发展日新月异，教育也在经历重大变革，其重要特征之一就是信息化。知识的更新速度前所未有地加快，教师的教学活动也应随之变革，教师只有不断地在教学中广泛且深入地应用信息技术，才能适应当前时代的发展。

幼儿园多媒体课件设计与制作是现代学前教育技术的重要内容，是学前教育信息化的重要体现。掌握计算机多媒体辅助教学的基本概念、原理和方法，在教学中设计、制作和应用多媒体课件是现代教师教学技术水平和教学能力的重要体现。

本书自第 1 版和第 2 版出版以来，受到广大读者朋友的喜爱。为了更好地服务于现代教学，我们进行了教材调研，结合调研结果和读者反馈，在第 1 版和第 2 版的基础上增加了新的教学内容，如 Flash 动画型课件制作、H5 课件制作等，更新了部分现今常用的软件和工具（如稿定设计、剪映等）的介绍，并适当补充了 AI 设计的相关知识，力求为教师的课件制作提供更多便捷、高效的途径。

1．本书内容

本书紧跟当下的主流技术，讲解以下 6 个部分的内容。

（1）幼儿园多媒体课件概述（第 1 章）。本章主要讲解幼儿园多媒体课件设计的理论基础、幼儿园多媒体课件设计的基本内容和方法、幼儿园多媒体课件的基本类型、幼儿园多媒体课件制作的工具和规范，以及幼儿园多媒体课件的评价等。

（2）多媒体素材的收集与处理（第 2 章）。本章主要讲解文本素材、图片素材、声音素材、视频素材等的收集和处理方法。

（3）PPT 演示型课件制作（第 3 章和第 4 章）。这两章主要通过制作"讲文明""有趣的形状""儿歌教学"等 PPT 演示型课件，详细讲解在 PowerPoint 2016 中编辑幻灯片、添加对象、设置母版、设置动画、设置放映效果等 PPT 演示型课件制作的相关知识。

（4）Flash 动画型课件制作（第 5 章）。本章主要通过制作"跳舞的小熊""舞蹈课件"等 Flash 动画，详细讲解 Flash CS6 的基本操作、元件的绘制和创建、制作补间动画、制作引导动画等相关知识。

（5）微课型课件制作（第 6 章）。本章主要详细讲解微课的概念、制作流程、制作方式、制作环境，并通过"我长大了"微课的制作，讲解使用剪映编辑微课的相关知识。

（6）其他多媒体课件制作工具（第 7 章）。本章主要讲解 PPT 插件、万彩动画大师、H5 制作软件的相关知识，讲解 iSlide、MotionGo、万彩动画大师、易企秀等工具的使用方法。

2．本书特色

本书具有以下特色。

（1）讲解深入浅出，实用性强。本书在注重系统性和科学性的基础上，突出实用性和可操作性，对重点概念和操作进行详细讲解，语言流畅、内容丰富、深入浅出，符合多媒体课件制作教学的规律，满足社会人才培养的要求。

本书在讲解过程中，还通过各种"提示"为读者提供更多解决问题的方法，帮助读者掌握更为全面的知识，并引导读者尝试更好、更快地完成工作任务。

（2）配有众多微课视频，供读者随时随地学习。本书所有操作讲解内容均已录制成视频，读者只需扫描书中提供的二维码，便可以观看微课视频，轻松掌握相关知识。

此外，为了方便教学，读者可以登录 www.ryjiaoyu.com 下载本书的案例素材和效果文件等相关教学资源。

3．本书的编者

本书由南宁职业技术学院的方绪军和蒋丽娟担任主编，由湖北工程职业学院的曹祥勇和程娟担任副主编。

编者

2024 年 6 月

目 录 CONTENTS

第 1 章
幼儿园多媒体课件概述

幼儿园多媒体课件的设计与制作是一项复杂的创造性劳动,既要考虑到课件是由计算机软件制作而成的,需要符合软件设计和制作的规范,能够适应计算机辅助教学环境的需要,保证课件能够正常运行;又要考虑到课件是为学前教育教学服务的,要符合幼儿园教学规律、幼儿学习规律等的要求。同时,还要考虑到课件的艺术性,使课件具有整洁美观的界面、和谐一致的风格、生动活泼的形式,从而提升计算机辅助教学的效果。

学习目标

● 幼儿园多媒体课件设计的理论基础。

● 幼儿园多媒体课件设计的基本内容和方法。

● 幼儿园多媒体课件的基本类型。

● 幼儿园多媒体课件制作的工具和规范。

● 幼儿园多媒体课件的评价。

素养目标

● 培养创新思维,提升创新设计能力。

● 具备积极的学习态度,不断提升自我。

1.1 幼儿园多媒体课件设计的理论基础

幼儿园教育是根据3～6周岁幼儿的生理、心理发展的客观规律及其年龄特征而进行的教育活动，目的是促使其在德、智、体、美、劳等各方面得到和谐发展。因此，幼儿园多媒体课件的设计应具备健康、积极、生动等特征。

1.1.1 现代学习理论在幼儿园多媒体课件设计中的应用

幼儿园多媒体课件设计要以计算机辅助教学理论为指导，而计算机辅助教学理论是以现代学习理论、现代教育技术理论、现代教育信息传播理论、系统科学原理、学科教学原理为基础的。现代学习理论在幼儿园多媒体课件设计中的应用主要体现在行为主义学习理论和建构主义学习理论方面。

1. 认知－行为主义学习理论

以加涅为代表人物的认知－行为主义学习理论认为，学习是一个不断接受外界刺激，通过学习者的内在构造作用产生反应，并同化为学习者的内在认知结构的循环过程。学习具有从低到高、从易到难的层次性和阶段性的特征。

在幼儿期，促进幼儿学习的整体性将有利于幼儿一生的发展。幼儿的学习主要是通过触摸、摆弄物体来获取感性经验，因此，在幼儿园多媒体课件设计中，教师首先要重视的是课件场景环境的布置，为幼儿提供丰富的感官刺激。

课件场景环境中的颜色、声音、玩具摆放的位置等都会对幼儿的学习产生影响，因此，教师要重视幼儿自身的学习需要，保护其好奇心和求知欲，尊重他们的学习兴趣。制作的课件要为幼儿的主动学习创造宽松、自由的环境，安排的教学活动则要多考虑幼儿的兴趣和需要。

2. 建构主义学习理论

建构主义学习理论认为，学习是一种建构的过程。知识是学习者与外部环境交互作用的结果，而不是仅靠教师传授所得。建构主义学习理论认为"情景""协作""会话"和"意义建构"是学习环境中的四大要素，即学习者是在一定的学习情境下，借助教师和学习伙伴的帮助，利用必要的学习资料，通过意义建构的方式获得知识。

根据建构主义学习理论，幼儿园多媒体课件的制作应强调以幼儿为中心，不仅要求幼儿由外部刺激的被动接受者与知识的灌输对象转变为信息加工的主体，对知识意义进行主动建构，还要求教师的授课要由知识的传授、传输转变为对幼儿主动建构意义的帮助和促进。

建构主义学习理论倡导的是一种自我调节的学习方式，学习者在与计算机多媒体的交互中，会不断"同化""调节"自身已有的认知结构，最后使自己的认知结构"平衡"到一个新的水平。计算机辅助教学强大的交互功能能使学习者积极、主动地参与到学习过程中，从而更加有效地达到认知结构的新的"平衡"。

在学前教育中，幼儿是活动和学习中的主体，这就要求幼儿要有学习主动性，而教师应充分利用多媒体课件去激发幼儿主动学习的热情，引导其思维的发展以及认知结构的建立和调节。另外，在实际教学过程中，教师应该随机地、巧妙地、隐蔽地通过问题情境中可利用的资源，及时捕捉幼儿将要学习并跨出一步的微妙时刻，并给予其适时的帮助，从而引导幼儿自己解决问题，而不是直接告诉幼儿解决问题的方法。

1.1.2　教学原理在幼儿园多媒体课件设计中的应用

用在幼儿园多媒体课件设计中的教学原理主要有程序教学原理、媒体符合原理、交互作用原理和系统性原理。

1．程序教学原理

程序教学原理主要包含以下 5 个方面。

（1）积极反应原理。积极反应原理即学习者对学习的内容做出积极的反应。

（2）及时确认原理。及时确认原理即对学习者的正确反应给予及时的确认。

（3）小步子原理。小步子原理即小步子前进。

（4）自定步数原理。自定步数原理即根据自身的条件自定学习的进度。

（5）测验原理。测验原理即通过测验来检验学习的结果。

多媒体辅助教学实际上就是一种程序教学。由教师和其他教学人员共同开发、编制的多媒体课件，本质上就是包含教学信息的程序，教学内容的展开由程序来控制，学习者可以按程序提供的交互式方式来选择学习形式、时间和速度等。

在幼儿园多媒体课件设计与制作中，通常采用小步子递进的方式来安排由易到难的交互素材。如中班的"认识形状"教学任务：第一层次是展示几种基本的形状，让幼儿认识；第二层次是展示几个用形状组合而成的简单物品，让幼儿认识其是由哪些形状组成的；第三层次则是展示由形状组成的复杂物品，然后让幼儿认识其他相关的形状。随着层次逐渐提高，幼儿的观察能力、空间思维能力等也将不断提升。

2．媒体符合原理

不同的教学内容使用不同的媒体形式来表现就是教学内容决定媒体形式的原理，即媒体符合原理。一般具体化的教学内容需要向抽象层次发展，才能提高幼儿的认识层次，如大班的音乐课件"小星星"中，通过对图片的认识，幼儿能意识到星星的运动形状；而抽象的教学内容则要以具体形象的媒体形式表现，这样才能让幼儿快速理解，如小班语文类的课件"开铺子"中，将抽象的量词与具体的实物对照起来，更加便于幼儿理解。

3．交互作用原理

交互作用就是指交互式学习。交互作用原理主要包含以下 3 个方面。

（1）积极学习原理。学习不是被动接受，而是主动索取。交互式学习可使学习者积极主动地参与到学习过程中，促进其对知识结构和联系的理解与把握，从而提高学习效率。

（2）发现学习原理。学习是发现和创造的过程。交互式学习能引发学习者的想象力和创造力，学习者可通过对学习对象的改变、编辑和重塑来提升思维能力和创造能力。

（3）个性化学习原理。不同的学习者有不同的兴趣、爱好、认识水平与学习需要。交互式学习就是将学习过程的控制权交还给学习者，由学习者根据自身的条件和要求选择学习环境和学习形式，这有利于教师的因材施教。

课件的交互形式通常是以多项选择的方式为幼儿提供操作练习的环境，如拼版、游戏等。通过幼儿主动感知、积极思维，协同发挥多种感官作用，提升幼儿学习的认知效果。

4．系统性原理

计算机多媒体辅助教学实际上就是将教学过程当作一个系统性的过程。教学课件的开发需要根据课件设计的理论和方法，对教学内容、教学目标、教学对象、教学方法、教学环境和教学需求等进行综合分析，优化设计，最后将教学环节的连续性和教学过程的控制等都纳入考虑范畴。

在幼儿园多媒体课件设计中，良好的衔接性能够充分调动幼儿学习的积极性，满足幼儿的好奇心，提升其成就感。这不仅包括课件片段、场景、内容本身有很好的衔接性，还包括课件与教师的衔接性，即在课件设计中，要根据课件设计的具体需要留有与教师的衔接接口，以便教师能够顺势引申，教学过程中的各个环节能够紧紧相扣，让幼儿自然而然地把注意力从课件转移到教师身上。

1.2 幼儿园多媒体课件设计的基本内容和方法

幼儿园多媒体课件设计是对课件内容的呈现方式，应用的教学理论和教学方法，课件呈现的实现方法和步骤，课件应用的目的、对象和运行环境等方面进行的整体规划。而课件设计的目的则是保证课件要符合教学性、程序性和艺术性等方面的要求。

1.2.1 幼儿园多媒体课件设计的基本内容

幼儿园多媒体课件设计的基本内容包括课件的教学设计、程序设计和艺术设计3个方面，下面分别进行介绍。

1．教学设计

课件的教学设计是课件设计的首要任务。作为教师辅助教学的工具，课件的内容必须与教学相关，其形式和呈现方式必须符合教学媒体使用的规律和信息传播理论。同时，幼儿园多媒体课件的播放过程必须符合幼儿的认知规律和教学规律，且幼儿园多媒体课件采用的教学方法必须符合幼儿园教学理论和幼儿学习的特点，必须有利于幼儿掌握知识，从而形成技能。

2．程序设计

幼儿园多媒体课件由计算机应用软件制作而成，需要符合计算机应用软件的一般要求，软件的核心是程序，课件程序就是实现课件的手段。多媒体课件程序设计的基本内容包括课件运行的稳定性和可靠性、课件的计算机资源的占用情况、课件运行的速度、课件友好的界面和简易的操作等。另外，在幼儿园多媒体课件设计中需要注意制作课件的软件占用系统资源的情况，应该尽量选用 PowerPoint+Flash 的动画形式，也可以使用少量的视频进行教学。

3．艺术设计

在课件教学设计和程序设计基础上，对课件的艺术加工就是课件的艺术设计。课件的艺术设计主要是设计课件的表现形式和视听效果，如画面、背景、字体、颜色、对比度、亮度，音效和动画的效果等。在幼儿园多媒体课件的艺术设计方面，幼儿园教师还要考虑幼儿的审美教育和学习规律等。

1.2.2　幼儿园多媒体课件设计的基本步骤和基本要求

学习了幼儿园多媒体课件设计的基本内容后，幼儿园教师还需要掌握课件设计的基本步骤和基本要求，以便设计出符合实际情况的教学课件。

1．幼儿园多媒体课件设计的基本步骤

幼儿园多媒体课件设计的基本步骤主要有以下 4 步。

（1）分析教学内容，确定教学目标。幼儿园教师要根据教学内容的深浅、难易程度等因素和幼儿接受能力的实际情况，按照课程标准的要求，结合教学经验，确定教学目标。

（2）选择教学媒体，创设教学情境。根据教学内容和教学目标的要求，选择记录和存储教学信息的载体，直接接入教学活动过程，实现教学信息对幼儿感官的刺激，这就是选择教学媒体的意义；创设教学情境则指创设有利于幼儿理解教学主题意义的情景，这种教学情境反映了新旧知识的关系，有利于幼儿对知识进行重组和改造，培养幼儿的联想和创新能力。如在幼儿园中班语文类课件"小蝌蚪找妈妈"中，教学情境以卡通形式展示给幼儿，让幼儿可以自然地进入角色，达到在游戏中学习的目的。

（3）指导自主学习，组织协作活动。幼儿园教师可利用启发式教学方式，充分激发幼儿学习的主动性和创造性，引导其进行自我学习、自我探索。幼儿园教师还可在幼儿自学的基础上，通过小组讨论或辩论，促进幼儿对教学主题的进一步理解。另外，在幼儿园多媒体课件设计中，幼儿园教师也可通过直观的图像或动画素材来启发幼儿回答问题，找到答案，在活动中培养幼儿的协作意识。

（4）确定教学要素关系，形成教学组织结构。幼儿园教学系统是由幼儿园教师、幼儿、教学内容和教学媒体等要素构成的复杂的系统，课件设计者必须分析和研究各要素之间的联系，协调各要素之间的关系，形成合理的教学组织结构。

2．幼儿园多媒体课件设计的基本要求

幼儿园多媒体课件设计的基本要求包括课件设计的教育性要求、技术性要求和艺术性要求。

（1）教育性要求

因为课件是用来教学的，所以教育性是课件的根本属性。课件设计要遵循教育教学的基本理论、基本原理和一般规律。教育性要求主要包括以下 3 个方面。

① 要有明确的教学目标，针对特定的教学对象，采用图、文、音、像并茂的、活泼的教学形式，突出重点和难点。

② 运用教学设计的原理和方法对教学内容和教学过程进行设计，教学内容和教学过程以及媒体形式的运用要符合幼儿的心理特征和认知结构。

③ 突出启发性教育和幼儿自主学习，促进幼儿智力的发展和能力的提升。

（2）技术性要求

课件设计与制作水平对计算机辅助教学效果有直接和间接的影响。技术性要求主要包括以下 4 个方面。

① 课件制作软件的选择。不同的课件制作软件对课件的类型、效果和应用环境的要求

不同，技术含量也不同。因此，在选择制作软件时，幼儿园教师应该根据需要，尽可能地选择交互性强、能够灵活方便地实现教学功能要求的制作软件。另外，幼儿园教师在选择课件制作软件时还需考虑自身制作课件的实际能力水平，最好选择应用比较广的、实用性和可操作性较强的课件制作软件，如 PowerPoint 或 Flash 等。

② 多媒体处理与应用技术。多媒体课件应该综合应用多种媒体技术，为了满足制作的需要，选择的多媒体课件必须能够在多种格式中进行转换；或者能够通过空间、插件或多媒体编程技术，灵活地处理课件中要使用的多媒体素材。需要注意的是，因为幼儿园多媒体课件中需要的素材格式不同，所以幼儿园教师需要掌握常用的多媒体处理与应用技术，以便于更好地选择素材，做出精美的幼儿园多媒体课件。

③ 多媒体课件的优化技术。多媒体课件的优化技术通常指使用压缩、打包等方法减小课件的体积，减少对系统资源的占用，并能够稳定、流畅地使用课件，使幼儿园多媒体课件操作方便、简洁。

④ 程序运行与控制技术。多媒体课件是在一定的操作环境下运行的，通过提供一定的操作界面进行人机交互，控制程序的运行，完成教学过程，实现教学目标。因此，制作课件必须考虑其运行的软硬件环境。课件如需推广使用，则对计算机硬件的要求不能太高，如 CPU（Central Processing Unit，中央处理器）主频、内存、显示分辨率、硬盘的容量等硬件要求应在常规范围内。在软件方面，一般要求可在 Windows XP/7/10 等操作系统环境下运行。在程序的操作控制方面，多媒体课件则要提供简洁、方便、灵活的操作界面和多样化的交互手段。在课件使用方面，要求能提供及时的帮助和提示信息，对于用户的错误操作有及时的提示。

（3）艺术性要求

使用符合美学原理的表现方法精心设计、制作多媒体素材，进行多媒体组合教学，就是多媒体课件设计中的艺术性要求。该要求可以使教学课件具有丰富的感情、积极的态度，能够感染和调动学习者的情绪，使课件得以以和谐、统一、完整、自然的手法，以及创新多样的方式表现教学内容，从而达到非常好的教学效果。艺术性要求主要包括以下两个方面。

① 视觉效果艺术设计。视觉效果艺术设计就是在幼儿园多媒体课件设计中，幼儿园教师需要注意活动场景的构图、布局的整体设计。合理的构图和整体设计将有利于教学内容的展现，也有利于幼儿对知识的理解和接受。

② 听觉效果艺术设计。听觉效果艺术设计就是对语音、音乐等音频效果的艺术设计。幼儿具有喜形于色、情感外露的特点，由于他们通常难以用语言来表达内心的情感和体验，而音乐情绪对比强烈，感情表现鲜明，这些特点恰好有助于抒发幼儿的内心感受，因此，爱听音乐是幼儿的天性，幼儿园教师在设计课件时要善于利用幼儿的这一特点，适当添加各种声音元素。声音可以是自然界中的声音，也可以是人工合成的声音，多媒体课件中使用的声音主要与配乐、解说和音响相关。配乐通常作为背景音乐，被选择的配乐需要与教学内容相符，起到渲染氛围、调节教学节奏的作用；解说则要与文字素材、图形图像素材、动画影视素材的内容一致，能够及时、准确并生动地解释和说明相关的内容；音响就是声音所产生的

效果，适当的音响能够缓解幼儿紧张的心情，吸引幼儿的注意力，调动其探知欲望。

提示　　　色彩是对画面颜色进行设置处理的一种艺术效果。前景色、背景色、对象颜色等，不同内容、不同区域的颜色都需要进行合理的设计，以达到清新、明快的视觉效果。同时，在幼儿园多媒体课件设计中，幼儿园教师还要考虑到幼儿好奇心强、喜欢鲜艳色彩的心理，要有意识地培养幼儿的色彩感知能力，帮助幼儿建立正确的审美观，提高幼儿的欣赏水平，使其获得愉快的体验、美的享受，从而提高其综合审美素质。

1.2.3　幼儿园多媒体课件设计的策略

幼儿园教学是一种特殊的教学方式，具有一定的教学规律。下面介绍幼儿园多媒体课件设计的策略，了解这些策略内容，可使课件设计更加符合幼儿园教学规律。

1. 脚本设计

脚本设计是多媒体课件设计中首要且基础性的工作，其主要任务是选择教学内容、教学素材及其表现形式，建立多媒体课件的框架，确定课件的运行方式等。幼儿园教学课件设计中的脚本设计需要注意以下 4 个方面。

（1）要采用美观、生动的屏幕界面，吸引幼儿的注意力，激发其兴趣。

（2）要直接阐明教学目标，抽象概念要设法通过图形和动画形象地表达出来，让幼儿更易理解。

（3）要便于使用，即操作者不用看说明书都可以知道如何操作。

（4）要适时地组织提问、反馈和激励。在课件演示过程中，为了吸引幼儿的注意力，幼儿园教师可针对幼儿的情况适时提问，并根据幼儿的回答进行讲解，及时反馈信息。对于回答正确的，可以使用"大红花"或"鼓掌"等动画音效来表示奖励；对于回答错误的，则可以使用"难过表情"等动画音效来给予警示，使其下次能做到更好。

2. 教学过程设计

教学过程设计是多媒体课件设计的重要内容。多媒体课件的设计与制作能否成功的关键在于如何安排教学环节、教学方法的选择是否恰当、如何控制教学的节奏，以及能否充分发挥多媒体辅助教学的优势和特长等。幼儿园多媒体课件设计中的教学过程设计包括以下 3 个方面。

（1）教学环节。教学环节主要包括教学目标的阐述、教学内容的呈现、教学难点的剖析、提问与练习、归纳与总结等。多媒体课件在教学环节上的设计必须遵循教学的基本原则和一般规律。

（2）教学方法。教学方法是展现教学内容、完成教学任务、达到教学目标所采用的方法，如设问法、对比法、归纳法、引导启发法、交流讨论法等。将教学方法适当地应用到多媒体课件设计中，可以有效地提高多媒体辅助教学的效率。

（3）教学节奏。教学节奏指对教学内容和教学对象的教学过程进行的调节和控制。教学节奏既要符合教学内容的深浅、难易程度，又要适应教学对象的接受能力和反应能力，还要符合不同媒体的表现形式。多媒体课件需要使用多种不同的媒体来展现教学内容，教学节奏的快慢与媒体的特点密切相关。因此，多媒体课件的设计应准确把握某种媒体的自然节奏，声音和动画的播放都要符合人的听觉和视觉习惯，课件中的场景、画面与内容的转换都要自然和谐，这样才能形成符合教学对象学习心理特点的教学节奏。

在幼儿园多媒体课件设计中，设计、制作的课件必须有助于幼儿园教师教学艺术的进一步表现。设计课件的目的是进一步提高教学效果，让幼儿学习更愉快，让教师讲解更轻松。因此，设计的课件还需要从教学需要和幼儿的实际情况出发，充分发挥以幼儿园教师为主导和以幼儿为主体的作用，课件要为教学锦上添花，使幼儿园教师的教学艺术得到充分体现，而不是阻碍幼儿园教师展现其教学艺术，成为教和学的障碍。

3. 教学表达设计

在教学的过程中，采用哪种媒体、哪种方式方法来表现教学内容的设计就是教学表达设计。在多媒体课件设计中，幼儿园教师要根据教学内容和教学对象的特点与要求来选择一种或几种组合的媒体表现教学内容，通常应尽量使用图形图像、视频、音频和动画等的组合形式，并掌握不同媒体间的转换和连接方法与规律，画面与画面间的过渡要自然，声音与声音间的衔接也要和谐统一、互不干扰，声音与画面的衔接更要相互配合。

在幼儿园多媒体课件教学表达设计中，图像素材应注意选用色彩鲜明、构图简单，容易让幼儿接受的图像；音乐素材应选用节奏明快、清新的乐曲，以使幼儿能够产生亲切感；动画素材可采用幼儿喜欢的卡通人物或故事，使其能更快融入学习环境中。

4. 交互方式与界面设计

交互性是计算机辅助教学最大的特点之一。交互性来自多媒体课件的交互界面，多媒体课件的交互界面提供了多样化的交互手段，幼儿园教师或幼儿可根据教学的目标和要求进行交互操作。

键盘输入和鼠标单击是常见的交互方式。键盘输入方式一般不需要专门的交互界面，直接用键盘输入相应命令即可实现交互操作；鼠标单击方式则需要有专门的交互界面供鼠标单击，如按钮交互响应、菜单交互响应等，也可以直接通过鼠标单击来实现交互，如热点交互响应、热点对象交互响应等。在幼儿园多媒体课件设计中，应尽量多地使用鼠标单击的交互方式，有硬件设备条件的幼儿园还可以使用触摸屏。触摸屏方便、直观，更加便于幼儿操作。

界面是整个画面的一部分，通常会占据一部分屏幕区域，界面设计需要和呈现实际教学内容的画面设计有机结合，统筹安排、合理布局，对交互性的反馈信息也要进行合理展现。幼儿园多媒体课件设计中的界面设计应该新颖别致，界面风格应前后一致，界面操作方法要简单、明确，不同界面中相同交互方式的操作要保持一致。另外，交互信息的展现最好使用图形、动画和声音，便于幼儿接受。

1.3 幼儿园多媒体课件的基本类型

课件的类型可根据不同的标准进行划分。根据制作软件不同，课件可被分为 PowerPoint

课件、Flash 课件等。根据应用环境不同，课件又可被分为一般多媒体课件和网络多媒体课件。下面根据计算机辅助教学的形态和教学功能，将课件分为练习与操练型课件、模拟型课件、游戏型课件和综合型课件 4 种基本类型。

1.3.1 练习与操练型课件

练习与操练型课件是发展和应用最早的一类计算机辅助教学软件，是实现程序教学的主要工具。

（1）练习。练习是为了获取一种过渡性操作能力，它主要是通过一系列问题，让幼儿在建立知识间的联系的同时，能够掌握在何时使用何种知识、做何种决定的技能，从而形成一种习惯性的过程性操作能力。

（2）操练。操练是通过大量的术语与事实间的重复对比练习，帮助幼儿建立有关事物之间的联系的联想记忆和规律的快速回忆。

练习与操练型课件应遵循以下原则。

● 小步子原则。将课件拆分为多个小型环节，每个环节用于幼儿练习某一项能力。

● 积极反馈原则。每个环节在幼儿完成后都需要进行检验，反馈幼儿信息。

● 及时强化原则。幼儿在进行练习后，还需要在不同时间段进行反复练习和操练。

● 自定步调原则。利用幼儿的反馈信息，因材施教地制定适合幼儿的练习和操练。

计算机逐个或按批次向幼儿提出问题，待幼儿回答问题后，计算机判断其正确性，并根据回答的情况给予一定的反馈，这种促进幼儿掌握某种知识和技能技巧的过程就是练习与操练型课件的基本过程。

练习与操练的教学方式都是通过大量的"提问→回答→判断"实现反馈，使幼儿建立起问题与回答之间的联系，从而理解并掌握该知识与技能技巧。

练习与操练的"提问→回答"过程需要反复进行，直到达到教学目标为止。判断幼儿是否达到教学目标的方式多种多样，如在一定时间内或问题数量达到一定的量时，要概述幼儿的练习成绩和课件目标成绩之间的差距；幼儿回答正确次数到一定的量时，要告诉幼儿所用的时间及其与最快者的差距等。在某些课件中，这些教学目标的完成情况还需要记录下来，作为分析幼儿对知识掌握情况的资料，为后续教学内容的选择提供决策依据。

1.3.2 模拟型课件

模拟型课件利用计算机模拟自然科学或社会科学的某些规律，产生与现实世界相似的现象，供幼儿观察，帮助幼儿发现、认识和理解这些规律与现象的本质，其主要具有以下特点。

（1）激发学习兴趣。模拟的对象对幼儿来说是一个未知的世界，而幼儿对未知世界的好奇心可以帮他去探索其中的奥秘。

（2）时效性。模拟的对象的实际时间和空间尺度可以很大，也可以很小，一般不容易让幼儿接触或观察，使用计算机模拟，则可以不受时间和空间的限制。

（3）安全性和经济性。模拟的对象具有安全性和经济性，对幼儿的身心健康无害，且符合大众幼儿需求。

（4）重复性。模拟的对象可以重复使用，反复让幼儿观察和学习。

模拟型课件近年来受到许多教育专家和心理专家的关注，被认为有助于培养幼儿的能力，所以目前已成为发展较快的一种课件类型。

提示

演示模拟就是将计算机作为电视机屏幕，向幼儿演示各种图像、动画、图标的教学活动。使用计算机制作的模拟艺术形象通常没有录影逼真，但可以按照幼儿的反应和请求而改变，这种模拟既可以适应幼儿的能力和基础，又可以活跃教学氛围，调动幼儿思考与学习的积极性。

1.3.3　游戏型课件

游戏型课件提供和控制一种富有趣味性和竞争性的教学环境，来激发幼儿的学习兴趣，让幼儿在富有教学意义且教学目标明确的游戏活动中得到练习或有所发现，从而取得积极的教育成果。游戏型课件与电子游戏不同，电子游戏没有教学目标，没有教学内容，也不会考虑教学策略，它的目的是让使用者得到娱乐，训练使用者的手眼联动性；而游戏型课件则强调教学性，有着明确的教学目标和具体的教学内容，并且包含经过仔细研究的教学策略。

1. 游戏型课件的特点

游戏型课件具有以下特点。

（1）教学目标与游戏竞争目标一致。从初始状态开始，经过游戏参与者的决策和动作，最后总能达到胜、负或平局的状态，且游戏竞争目标的实现也是教学目标的实现。

（2）较强的参与性。至少有两方或两方以上的游戏参与者，其中的一方可以由计算机来扮演，而学习者要积极地参与游戏竞争。

（3）明确的游戏规则。游戏参与者采取的决策和动作必须符合游戏规则，这些规则应该包含所有教学目标、所有教学的规律与知识。

（4）娱乐性与趣味性兼具。游戏型课件的目标是达到寓教于乐的教学效果，因此，游戏型课件要具有强烈的娱乐性和趣味性，如生动活泼的画面、恰当的音乐、巧妙的构思和夸张的想象等。

（5）时间性。游戏型课件中设计的游戏应该满足在有限的时间内达到教学目标的要求，而不是一直继续下去。

2. 游戏型课件中的游戏方式

游戏型课件按照游戏方式可分为操练与练习方式的游戏和模拟方式的游戏。

（1）操练与练习方式的游戏。操练与练习方式的游戏就是将操练与练习结合到游戏中，通过游戏刺激幼儿的学习积极性，使其在娱乐中学习知识，从而取得较好的教学效果。

（2）模拟方式的游戏。模拟方式的游戏就是将模拟与游戏结合起来，让幼儿在有竞争的环境下思考、探索、尝试、发现错误并纠正错误，让其在掌握规律与事实的同时，还能学会寻找规律，掌握做出决策的方法，培养幼儿适应现实的能力和应变能力。

使用游戏型课件进行教学活动时，幼儿园教师必须起到引导作用，通过引导、启发和归纳等让幼儿注意其教育内容，达到教育目标，而不是让游戏型课件沦为普通的游戏。

1.3.4　综合型课件

将练习与操练型课件、模拟型课件、游戏型课件等课件类型中的某几种整合到一起，用来表达较为系统的教学内容的课件类型就是综合型课件，这也是实际教学过程中常见的课件类型。综合型课件具有较强的可控性和智能性。

（1）可控性。可控性主要表现为计算机多媒体课件内容由幼儿园教师所掌控。在幼儿园教学环境中，幼儿园教师可根据幼儿的实际接受情况，有目的、有选择地控制演示的内容、次数和速度，充分发挥综合型课件的优势，让幼儿达到更佳的学习效果。

（2）智能性。智能性指多媒体技术可以将声音和图像结合，模拟出整个实验过程，让幼儿观看到现实生活中看不到或看不清的各种物理、化学变化或运动过程，从而促进幼儿对活动内容的理解和记忆。

1.4　幼儿园多媒体课件制作的工具和规范

幼儿园多媒体课件制作是在课件设计的基础上进行的，即使用编程语言或编著软件将课件的内容按照预定的结构和方式组合成完整的课件程序，并通过必要的后期处理，形成课件成品的过程。

1.4.1　幼儿园多媒体课件制作的工具

对于幼儿园教师来说，幼儿园多媒体课件制作主要采用课件编著软件来完成。目前市面上大多数编著软件的界面简洁，使用方法简单，幼儿园教师只需要经过简单的培训就能掌握其操作。这些课件编著软件非常多，可分为基于图标和流程线的多媒体编著软件、基于卡片和页面的多媒体编著软件、基于网页制作的多媒体编著软件、基于视频制作的多媒体编著软件，以及现在常见且便捷的在线课件制作工具和 AI（Artificial Intelligence，人工智能）工具等。

（1）基于图标和流程线的多媒体编著软件中常见的主要有 Authorware 等。Authorware 是通过设计图标和流程线来设计和制作多媒体作品的应用软件。它支持集成多种媒体文件，具有多种交互方式和函数功能，使用它来设计和制作交互性比较强的多媒体课件非常方便。

（2）基于卡片和页面的多媒体编著软件中常见的主要有 PowerPoint、Prezi 等。Power-Point 是用于设计和制作课件的软件，使用 PowerPoint 设计和制作课堂演示型课件比较方便。Prezi 也是一种课件制作工具，但其文档内容可以根据演示需求左右平移、放大局部细节或缩小以显示演示文稿全貌，使演示文稿更加生动有趣。

（3）基于网页制作的多媒体编著软件中常见的有 Dreamweaver、Flash 等。Dream-weaver 是一款比较专业的网页制作软件，可以实现相对复杂的制作功能。Flash 也能够用于制作网页课件，但采用 Flash 设计、制作的通常是 Flash 动画。在设计和制作反应动态变化过程的课件时使用 Flash 比较方便。

（4）基于视频制作的多媒体编著软件中常见的如剪映等。剪映是一款视频剪辑软件，提供字幕、变速、抠图等丰富的功能，还提供曲库和模板，可以帮助用户快速、高效地完成视频剪辑与制作。

（5）在线课件制作工具是可以直接在网页中使用的工具，包括演示文稿在线制作工具、动画在线制作工具等，如 Canva（可画）、Focusky 等。Canva 是一款在线平面设计工具，提供了丰富的图片、插画和模板等，可用于快速设计和制作图片、演示文稿等。Focusky 也是一款智能、高效的交互课件制作软件，可用于制作演示文稿、动画等。

（6）AI 工具是基于 AI 技术研发的创作平台，可以帮助用户快速创作图片、视频、声音等各种内容。例如，稿定 AI、MasterGo AI 等可用于智能设计，腾讯智影、一帧秒创、万彩微影等可用于智能视频剪辑，无限画、美图设计室、文心一格、通义万相等可用于智能生成图像，博思白板、必优 ChatPPT 等可用于制作演示文稿，魔音工坊、讯飞智作等可用于智能配音。

1.4.2 幼儿园多媒体课件制作的规范

无论采用哪种软件来制作课件，都需要考虑课件的教学内容和教学过程两个方面，既要设计和制作出与教学内容相关的素材，并将其导入或输入课件，又要设计和制作出与教学过程相关的程序控制。对幼儿园教师来说，掌握一定数量的与教学内容相关的素材可能比掌握课件的程序设计技巧更重要。因此，有条件的幼儿园可以创建课件制作资源库，收集并制作大量优秀或成系列的幼儿园教学相关素材，供幼儿园教师使用。

1.5 幼儿园多媒体课件的评价

幼儿园多媒体课件用于展示给幼儿，作为幼儿园教师的辅助教学工具，因此幼儿园多媒体课件也有一定的评价标准和方法，以保证课件的质量。

1.5.1 幼儿园多媒体课件的评价标准

幼儿园多媒体课件的质量可从教育功能性标准、技术性标准、艺术性标准等方面来进行评价，具体解释如下。

1. 教育功能性标准

教育功能性标准分为科学性标准和教学性标准两个部分。

（1）科学性标准。课件内容必须准确反映客观规律，符合科学原理，名词、术语和符号的使用都要符合相关规范，符合幼儿园的教学规律。

（2）教学性标准。课件的设计要符合教学的一般规律，即教学目标明确、教学内容深浅和难易程度适当，同时具有系统性、连贯性，符合循序渐进的原则，教学方法先进，并能激发幼儿的学习兴趣，能调动其学习的积极性和创造性，这有助于幼儿自主学习。另外，课件的设计还要符合因材施教的原则，方便对教学效果给予及时、有效的反馈，方便幼儿园教师及时调整教学内容和进度，帮助幼儿更好地把握知识。

2. 技术性标准

制作的课件能够充分利用多媒体技术的优势和特点，具有较强的交互性、集成性和灵活性，课件的运行具有稳定性，界面能够体现友好的人机交互操作，并符合幼儿的学习规律。

3. 艺术性标准

制作的课件中，教学信息要层次分明、布局合理、重点突出、动静结合，教学信息和操作提示的安排要衔接合理，色彩、音效等元素都要与教学内容协调，课件运行的节奏要符合教学过程的需要。

1.5.2　幼儿园多媒体课件的评价方法

幼儿园多媒体课件的评价方法有技术检测法、调查评议法、实验研究法和综合评价法 4 种，下面进行具体介绍。

1. 技术检测法

技术检测法指根据多媒体教学软件的制作规范，实现确定检测的项目，组织相关技术人员进行检测。这里的检测主要是指检测多媒体素材的内容、硬件和软件环境的要求、安装程序和注意事项等，以使制作完成的课件能够符合幼儿园教学的要求。

2. 调查评议法

调查评议法指对使用多媒体教学软件的幼儿园教师和幼儿，以及相关人员进行调查了解，收集、统计并分析有关的数据，对多媒体教学软件进行测评，然后在幼儿园中展开教学研究，必要时可以请家长参与。

3. 实验研究法

实验研究法指选择不同层次的实验对象，如幼儿园班级、幼儿等，实施多媒体教学实验或对照实验，通过实验前后或对不同对象教学效果的结果进行对比、分析，评价多媒体教学软件的质量。这种评价方法将有利于幼儿园多媒体课件的对比研究。

4. 综合评价法

综合评价法指根据明确的目标，按照一定的标准，采用科学的方法和量化指标，进行综合测量与分析，对多媒体教学软件的功能、性能做出评价，使幼儿园教学课件更加完善、更加符合幼儿园的教学实际。

1.6 练习

本章主要介绍了幼儿园多媒体课件设计的理论基础、幼儿园多媒体课件设计的基本内容和方法、幼儿园多媒体课件的基本类型、幼儿园多媒体课件制作的工具和规范，以及幼儿园多媒体课件的评价 5 个方面的内容，学习这些知识后，幼儿园教师应当能够初步掌握幼儿园多媒体课件的制作方法，为后面章节的学习打下坚实的基础。

根据所学知识，回答下列问题。

（1）幼儿园多媒体课件设计应该遵循哪些理论？

（2）幼儿园多媒体课件设计分为哪几种基本类型，分别是什么？

（3）幼儿园多媒体课件设计的基本方法和基本要求是什么？

（4）幼儿园多媒体课件的设计与制作可通过哪些工具来完成？

（5）简述幼儿园多媒体课件的评价方法。

1.7　拓展知识

教学课件还可从功能性、可靠性、使用方便性、程序设计技巧和课件商品化程度5个方面来进行综合评分。

1. 功能性

针对课件综合评分中的功能性进行评分时，需要考虑以下因素。

（1）教学目标适当、达到预定的教学目标程度。

（2）符合科学性要求。

（3）符合幼儿园教学规律和因材施教的教学原则。

（4）能够体现计算机的特点，取得其他教学方法和教学手段无法取得的成果。

（5）有利于激发幼儿的学习兴趣、学习主动性和学习积极性，有利于培养幼儿的学习能力。

2. 可靠性

可靠性要求幼儿园多媒体课件程序足够稳定，不受错误操作的影响。

3. 使用方便性

课件综合评分的使用方便性表现在以下两个方面。

（1）教师和幼儿使用的操作简单易学。

（2）屏幕提示的含义清楚、表达明确、意思简单明了，过程符合幼儿学习习惯。

4. 程序设计技巧

课件综合评分中的程序设计技巧表现在以下4个方面。

（1）程序设计思想要先进，充分利用计算机系统的各种资源。

（2）要充分发挥多媒体教学的优势，综合利用文字、声音、图像、动画等媒体信息，媒体信息使用得当、配合协调。

（3）画面应该美观、清晰。

（4）动画与教学内容要紧密配合，有较好的动态教学效果。

5. 课件商品化程度

课件要有较高的商品化程度，有较为详细的文档资料进行功能说明、安装使用说明，文字要通顺、易懂、准确。除此之外，课件还要有良好的包装和发行途径，便于幼儿园教师之间的教育交流。

第 2 章
多媒体素材的收集与处理

多媒体素材是传递教学信息的基本素材，可分为文本素材、图片素材、声音素材、视频素材、动画素材 5 种。本章主要介绍这 5 种素材的收集与处理方法，这是制作多媒体课件的基础。幼儿园教师可以通过对这些内容的学习，为后期的课件制作奠定基础。

学习目标

● 收集与处理文本、图片素材的方法。

● 收集与处理声音、视频和动画素材的方法。

素养目标

● 具备信息意识，能识别、搜集与运用信息。

● 培养动手能力，能在实践中解决各种问题。

2.1 文本素材

文本即文字，指的是字母、数字或符号等的组合。文本是多媒体课件中最基本的素材之一。在制作幼儿园多媒体课件时，一般多采用声音、图片和视频等元素，文本虽然使用较少，但是在课件设计中也是必不可少的元素。对于幼儿来说，文本的大小、位置和颜色的设计都要符合其年龄特点，因此，文本编辑是幼儿园多媒体课件制作中非常重要的一部分。下面处理一个名为"狼来了"的文本素材，使其便于在课件中使用，处理完成后的参考效果如图 2-1 所示。

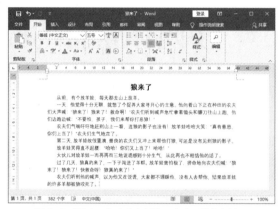

图 2-1 "狼来了"文本素材处理完成后的参考效果

2.1.1 文本素材的收集

若文本内容较少，可通过直接输入的方式来添加内容；若文本内容较多，可通过网络搜索和下载、光学字符识别（Optical Character Recognition，OCR）或 AI 生成来实现文本素材的收集。

1. 直接输入

文本的直接输入通常使用键盘来完成。使用键盘输入文本素材时，英文字母、数字、英文常用标点符号等都可以直接从键盘输入，而汉字、中文标点符号和其他文字符号以及特殊符号的输入，则要通过相应的输入法来完成。

2. 网络搜索和下载

"互联网"时代，信息已经突破时间、地域等限制，用户可通过百度等搜索引擎来搜索需要的文本素材，然后使用复制并粘贴的方法将其保存下来。若需要的文本素材以 Word、PPT、PDF 等的格式保存在网页上，可通过下载的方式将其保存到本地计算机，然后使用。

3. 光学字符识别

光学字符识别是指对文本资料进行扫描后对生成的图像文件进行分析处理，从而获取文字及版面信息的过程。如果需要使用图书、报刊等实物中的文本信息，或网页图片中的文本信息，就可以使用该方法，先扫描或拍摄纸面（网页图片可省略该步骤），然后上传至计算机中，再使用 QQ、微信等工具对图片进行截图，并在截图工具栏中选择"提取文字"即可。

4. AI生成

在 AI 技术快速发展的时代，利用 AI 应用快速生成文案、文章、脚本等文本素材已经成为现实，用户可以使用文心一言、讯飞星火、智谱清言、通义千问等 AI 对话工具快速生成文本素材，也可以利用秘塔写作猫、易撰、度加创作工具、笔灵 AI 写作、深言达意、火山写作等 AI 应用生成专业性更强，更符合人类语言和逻辑的文本素材。

2.1.2 文本素材的处理

Word 是 Microsoft Office 办公软件的组件之一，是一款功能非常强大的文字处理软件，支持文本的输入与文本格式的设置。下面介绍在网上复制"狼来了"故事文本，并将其保存到 Word 文档中，其具体操作如下。

微课：文本素材的处理

（1）打开 Microsoft Edge 浏览器，在其地址栏中输入百度网站的网址，按【Enter】键，在打开页面的搜索框中输入"狼来了"文本，单击 百度一下 按钮，如图 2-2 所示。

（2）打开的网页中将显示搜索的结果，单击"狼来了 百度百科"超链接。

（3）打开新的网页，其中显示了"狼来了"故事的文本内容，拖动鼠标选择需要的文本内容，并在其上右击，在弹出的快捷菜单中选择"复制"命令，如图 2-3 所示。

图 2-2 输入搜索关键词　　　　　　　　图 2-3 复制文本素材

（4）单击"开始"按钮 ⊞，在打开的菜单中选择"Word"命令，启动"Word 2016"程序。

（5）此时将新建一个空白文档，在其中右击，在弹出的快捷菜单中选择"粘贴"命令，效果如图 2-4 所示。

（6）通过观察可发现，粘贴的文本中有许多空行和不需要的文字，拖动鼠标选择不需要的内容，按【Delete】键删除，效果如图 2-5 所示。

（7）在文本开始处单击，按【Enter】键换行，然后在第一行输入"狼来了"文本，在"开始"选项卡的"字体"组中设置字体格式为"黑体、三号、加粗"；在"开始"选项卡的"段落"组中单击"居中"按钮 ，如图 2-6 所示。

（8）拖动鼠标指针选择正文文本，在"开始"选项卡的"段落"组中单击"段落设置"按钮 ，打开"段落"对话框，在"缩进"栏中的"特殊格式"下拉列表中选择"首行缩进"选项，单击 确定 按钮，如图 2-7 所示。

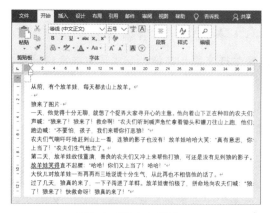

图2-4　粘贴文本后的效果

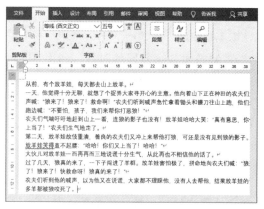

图2-5　删除不需要的文本内容后的效果

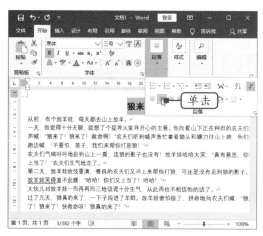

图2-6　设置字体格式

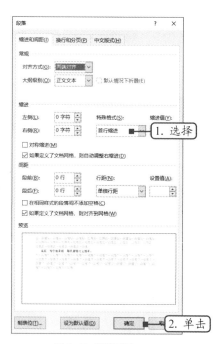

图2-7　段落设置

（9）按【Ctrl+S】组合键将Word文档以"狼来了"（配套资源：\效果文件\第2章\狼来了.docx）为名进行保存。

2.2 图片素材

幼儿的思维具有一定的抽象倾向，但大部分仍然以具体形象思维为主，并且，幼儿有自主意识地观察事物的时间比较短。因此，较多的文字可能会让幼儿失去学习兴趣。利用图片素材，并以标注的形式将重要的信息标识出来，图文并茂地展现教学内容，可以大大提升幼儿的学习兴趣。因为图片可以生动、形象、直观地表达出大量的信息，帮助幼儿分析和理解教学的内容，解释相关的概念或现象，所以，图片素材是幼儿学习时容易接受的信息表现元素之一。图片素材主要应用于幼儿园多媒体课件中使用的图形、背景图片，以及创设教学情境等方面。下面使用稿定设计和可画制作"小蝌蚪找妈妈"图片，作为幼儿园多媒体课件中的背景图片，参考效果如图 2-8 所示。

图 2-8 "小蝌蚪找妈妈"图片

2.2.1 图片素材的收集

图片素材的收集方式多种多样，下面介绍 6 种常见的方式。

1. 通过数码产品收集

如今，数码产品广泛普及，数码相机、高清拍照手机等大众化的数码产品都可以作为收集图片素材的工具，图片素材可以通过自行拍摄方式来收集，然后将拍摄的数码图片直接导入计算机。

2. 通过扫描收集

使用扫描仪可将一些非电子格式的图像扫描到计算机中，保存为电子图像格式，便于计算机多媒体辅助教学课件的制作。扫描图片通常使用的扫描仪为平板扫描仪。扫描仪的使用方法与复印机相似，将需要扫描的实物图片正面朝下，放在扫描仪的玻璃板上，调用扫描仪驱动程序获取图像信息即可。

3. 网上搜索图片进行下载

互联网上有大量的图片素材，用户可以利用搜索引擎搜索喜欢或需要的图片，然后将其下载到本地计算机中，其具体操作如下。

微课：网上搜索
图片进行下载

（1）打开"百度图片"页面，在搜索框中输入"贺卡"文本，单击"搜索"按钮，如图 2-9 所示。

（2）此时将在打开的网页中显示搜索结果，图片以缩略图的方式显示，单击需要的图片缩略图，如图 2-10 所示。

（3）此时将打开原始大小图片所在的网页，并显示预览效果，在其上右击，在弹出的快捷菜单中选择"将图片另存为"命令，如图 2-11 所示。

图2-9　输入搜索关键词

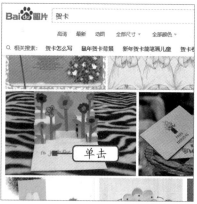

图2-10　单击缩略图

（4）打开"另存为"对话框，在其中设置图片的保存位置、保存文件名和保存类型后，单击 保存(S) 按钮，将图片（配套资源：效果文件\第2章\贺卡.jpg）保存到本地计算机中，如图2-12所示。

图2-11　选择右键快捷菜单命令

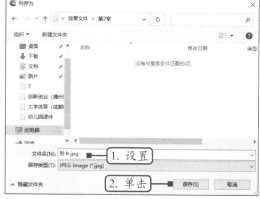

图2-12　保存图片

提示

在浏览网页的过程中，若发现有需要的图片素材，也可直接在图片上右击，在弹出的快捷菜单中选择"将图片另存为"命令，打开"另存为"对话框，使用相同的方法保存图片。

4. 屏幕截图

在使用计算机观看视频或浏览文件时，若发现了需要的素材，可通过截图的方式将其保存下来，便于以后使用。Windows提供了屏幕截图的功能，直接按【Print Screen】键即可截取整个屏幕画面；按【Alt+Print Screen】组合键则可以截取活动窗口画面。除此之外，还可以通过各种截图软件来截图，常见的截图软件有SnagIt、红蜻蜓抓图精灵等。

腾讯QQ也自带捕捉屏幕的功能，使用方法是：在聊天窗口的工具栏中单击"屏幕截图"按钮 ✂- 或按【Ctrl+Alt+A】组合键，然后在屏幕中拖动鼠标框选需要的图片区域，最后单击 ✓完成 按钮，在打开的对话框中设置图片的保存位置、保存文件名和保存类型。

5. 从素材网站收集图片

互联网上也有专业提供图片素材的网站，这些网站上的图片素材类别多、质量高、尺寸多样，能够很好地满足大多数人日常工作中对图片素材的使用需要。但需要注意，这类网站上的一些图片需要开通该网站的会员，或者花钱购买才能使用。常用的专业图片素材网站有千图网、昵图网、我图网等。

6. AI绘图工具生成

AI 技术的不断发展催生出了很多给人们的生活和工作提供大量便利的 AI 工具，AI 绘图工具就是其中一种。AI 绘图工具可以根据用户的绘图需求，生成各种风格、各种内容的图片，如用文字直接生成图片，或者基于某特定的图片生成类似的图片等。美图设计室、文心一格、无界 AI、通义万相等都是功能较强大的 AI 绘图工具。

2.2.2 图片素材的处理

在多媒体课件设计中，图片的使用非常广泛，因此，幼儿园教师还需要学会处理收集的图片，使其更加符合课件需要。Windows 附件中的画图程序可以简单处理图形图像，Microsoft Office 办公软件也提供了对图片进行处理的功能。若要对图片进行复杂的处理，则可以使用专业的图形图像处理工具，如 Photoshop、Illustrator 等，使用这些工具在处理图像时，功能更加强大，效果更加精细，同样，操作也相对复杂。

随着数字化的发展，一些功能强大、操作简单的在线图像处理软件也受到人们的喜爱，如美图秀秀、稿定设计、可画等。这些在线图像处理软件提供抠图、拼图、图像编辑、智能设计等丰富的功能，降低了处理图片素材的难度，也提高了编辑与设计图片的效率。下面主要介绍在稿定设计中抠图、在可画中编辑图片的方法。

1. 抠取素材

在制作课件时，有时只需要图片中的一小部分，这时就需要对收集的图片素材进行抠图。使用稿定设计抠图的具体操作如下。

微课：抠取
素材

（1）在百度中搜索"稿定设计"，进入稿定设计官方网站，进行个人账号的注册。

（2）注册成功后，在稿定设计首页选择"智能抠图"选项，如图 2-13 所示。

（3）进入智能抠图页面，在该页面中单击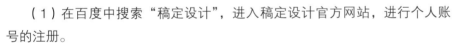按钮，如图 2-14 所示，打开"打开"对话框，在其中选择需要抠图的图片，这里选择"荷叶上的青蛙 .png"（配套资源：\ 素材文件 \ 第 2 章 \ 荷叶上的青蛙 .png）。

（4）等待图片上传成功后，进入抠图页面，单击"自动抠图"选项卡。此时，稿定设计将自动识别图片类型，并进行自动抠图，如图 2-15 所示。

（5）查看抠图效果无误后，单击页面右上角的 下载 按钮，在弹出的"下载作品"对话框中将作品类型设置为"PNG"，然后单击 下载 按钮，如图 2-16 所示。

（6）打开"新建下载任务"提示框，在其中设置文件的保存名称和保存位置，单击 下载 按钮，即可将抠取后的图片（配套资源：\ 效果文件 \ 第 2 章 \ 荷叶上的青蛙 .png）保存至本地计算机。

图2-13　选择"智能抠图"选项

图2-14　单击"上传图片"按钮

图2-15　自动抠图

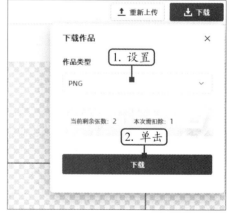

图2-16　下载设置

提示　　　　在稿定设计中使用自动抠图功能时，如果其自动识别的抠图效果不符合实际的使用需求，可以使用"修补"按钮✔增加抠图区域，或使用"擦除"按钮✘减少抠图区域，还可以单击"通用抠图"选项卡，使用其中的调整边缘、扣取发丝等更多抠图功能。

2. 处理图片

在实际教学中，有时幼儿园教师需要使用实物图片直观、形象地向幼儿展示教学内容，因此，需学会处理图片。下面使用可画制作"小蝌蚪找妈妈"课件图片，其具体操作如下。

微课：处理
图片

（1）在百度中搜索"可画"，进入可画官方网站并注册个人账号。

（2）在"可画"首页的搜索框中输入"绿色池塘"，在搜索结果中选择合适的模板，如图 2-17 所示。

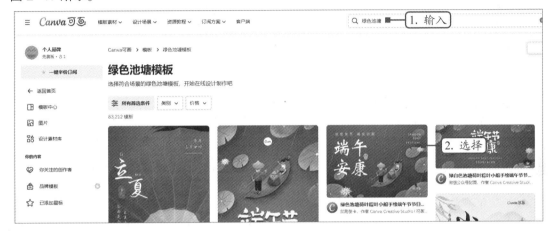

图 2-17　选择模板

（3）在打开的页面中单击 编辑模板 按钮，进入模板编辑状态，如图 2-18 所示。

图 2-18　模板编辑状态

（4）选择模板中的文字和人物图片，将其删除。然后选择"文件"中的"导入文件"命令，在打开的面板中单击 选择文件 按钮，如图 2-19 所示。

（5）打开"打开"对话框，在其中选择"荷叶上的青蛙 .png""小蝌蚪 .png"图片（配套资源：\ 素材文件 \ 第 2 章 \ 荷叶上的青蛙 .png、\ 素材文件 \ 第 2 章 \ 小蝌蚪 .png），将其上传至可画，如图 2-20 所示。

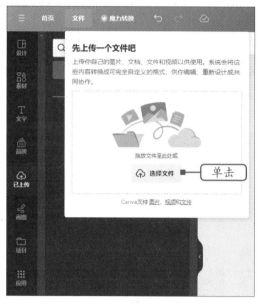

图 2-19　选择文件

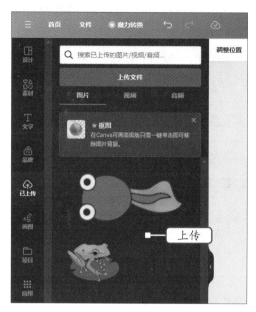

图 2-20　上传图片

（6）在图片库中选择青蛙图片（即"荷叶上的青蛙 .png"），将青蛙图片插入模板，然后拖动图片四周的控制点调整图片大小，并将其移动到合适位置，如图 2-21 所示。

（7）在图片库中选择小蝌蚪图片（即"小蝌蚪 .png"），将其插入模板，调整图片的大小，然后单击图片旁边的按钮，并按住鼠标左键不放进行拖动，调整图片的旋转角度，如图 2-22 所示。

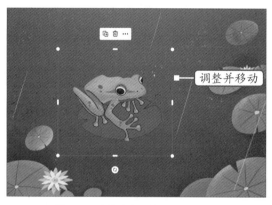

图 2-21　插入青蛙图片、调整并移动

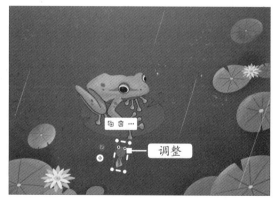

图 2-22　插入小蝌蚪图片并调整旋转角度

（8）选择小蝌蚪图片，按【Ctrl+C】组合键进行复制，然后按【Ctrl+V】组合键进行粘贴，并调整小蝌蚪图片的位置，再粘贴一次并调整位置，效果如图 2-23 所示。

（9）在可画模板编辑页面左侧单击"文字"按钮，在打开的窗格中选择图 2-24 所示的文字样式。

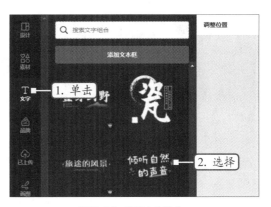

图 2-23　复制粘贴小蝌蚪图片并调整位置后效果　　　　　图 2-24　选择文字样式

（10）将文字样式插入模板，调整整个文本框的大小和位置。

（11）将文本框中的文字修改为"小蝌蚪找妈妈"，然后选择整个文本框组，单击页面上方的"文字颜色"按钮 A，在左侧打开的窗格中选择"纯色"栏中的"白色"选项，如图 2-25 所示。

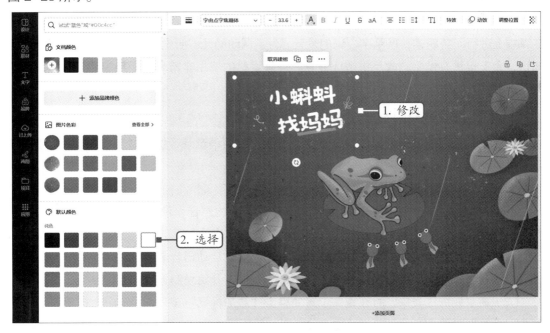

图 2-25　编辑文本并设置文字颜色

（12）单击文本框上方的 取消建组 按钮，调整文本框和装饰图案的位置，如图 2-26 所示，完成图片的编辑与制作。

（13）单击页面右上角的 导出 按钮，在打开的下拉列表中选择"下载"选项，在打开的面板中选择文件类型为"PNG"，然后单击 下载 按钮，如图 2-27 所示。打开"新建下载任务"提示框，在其中设置图片保存的名字和位置，单击 下载 按钮，将图片（配套资源：\效果文件\第 2 章\小蝌蚪找妈妈 .png）保存至本地计算机。

图 2-26　调整文字框和装饰图案的位置　　　　　　　　图 2-27　下载图片

2.3 声音素材

在幼儿园课堂上，音频使用非常广泛。例如，为了更好地让幼儿掌握普通话的要领，会在课堂上进行示范朗读，展示字、词的发音；为了调动幼儿"听觉注意力"，使其更好地接受知识，会安排富有情感的故事讲解环节等。声音素材的使用非常有利于集中幼儿学习的注意力，陶冶幼儿的情操，激发幼儿的学习潜力。

2.3.1　声音素材的收集

要收集幼儿园课堂中使用的声音素材，可通过使用语音录音机录制音频和在网上下载声音素材两种途径实现。

1. 使用语音录音机录制音频

"语音录音机"应用可用来录制话筒等语音设备中的声音，录音完成后，自动保存到计算机中。使用语音录音机录制音频的具体操作如下。

微课：使用语
音录音机录制
音频

（1）在"开始"菜单中单击"语音录音机"选项，启动语音录音机。

（2）在"语音录音机"窗口中单击"录音"按钮，开始录制声音。

（3）在录制的过程中，可在重要位置处单击"添加标记"按钮，添加一个标记。

（4）若要暂停录音，可单击"暂停"按钮。若要停止录音，可单击"停止录音"按钮。

（5）结束录音后，可在打开的窗口中看到录制的声音，在其上右击，在弹出的快捷菜单中选择"重命名"命令。

（6）在打开的提示框的文本框中输入新的名称，然后单击"重命名"按钮。

（7）完成重命名设置后，单击"完成"按钮，在打开的列表中选择"更新原始文件"选项，即可覆盖保存到原来的位置。

2. 在网上下载声音素材

在网络发达的今天，幼儿园多媒体课件设计中的声音素材更多的是来自网络共享资源，其获取方式与图片素材从网上下载的方式相似。在计算机中安装相关的音乐播放软件，如

QQ 音乐等，然后在其中搜索需要的声音素材，在打开的页面中单击"下载"按钮，即可将其下载到本地计算机中。需要注意的是，某些音频需要付费下载。

2.3.2　声音素材的处理

声音素材的处理包括裁剪、更改音量、降低噪声、合成声音等操作，Windows 自带的录音机功能较少，此时，可使用专业的音频编辑软件来完成，如 GoldWave 等。

GoldWave 音频编辑软件具有声音编辑、播放、录制、转换等功能，利用它可以打开多种格式的音频文件，还能进行丰富的音频特效处理，可以满足不同用途的需求。下面将以 GoldWave 6.77 为例，详细介绍其使用方法。

1．新建和保存音频文件

录制音频是 GoldWave 的常用功能之一。下面首先安装并启动 GoldWave，打开计算机中的音频文件，然后录制一个音频，并保存为"录音 1.wav"，其具体操作如下。

微课：打开、新建和保存音频文件

（1）安装 GoldWave 后，选择"开始"中的"GoldWave"命令，启动 GoldWave。

（2）进入 GoldWave 的操作界面，选择"文件"中的"打开"命令，打开"打开声音文件"对话框，选择计算机中的任意音频文件。

（3）单击 打开(O) 按钮，此时 GoldWave 的操作界面如图 2-28 所示。

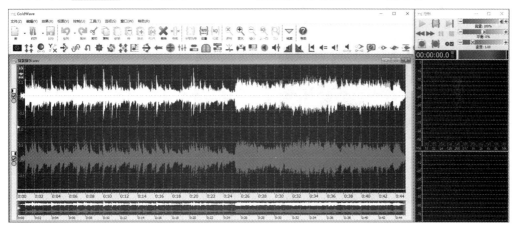

图 2-28　GoldWave 的操作界面

提示　　第一次启动 GoldWave 时，其操作界面右侧会打开一个控制器面板，关闭该面板后将以控制器栏的方式显示在工具栏下方。选择"工具"中的"控制器"命令，可在两种展示方式间进行切换。

（4）选择"文件"中的"新建"命令，或者单击工具栏中的"新"按钮，打开"新声音"对话框，在其中可以根据需要自行设置声音采样率和初始文件长度。这里在"预设"下拉列表中选择"CD 质量，5 分钟"选项，单击 OK 按钮，如图 2-29 所示。

（5）此时将生成一个空的音频文件，如图 2-30 所示。

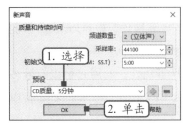

图 2-29　设置参数

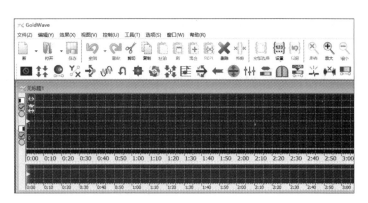

图 2-30　新建的空的音频文件

（6）确认计算机已与话筒相连接，单击控制器栏中的"当前所选内容的记录"按钮
，开始录制声音，此时编辑显示窗口中将显示一些波形，表示正在录制，如图 2-31 所示。

（7）录制结束后单击控制器栏中的"停止录制"按钮，然后选择"文件"中的"保存"
命令或单击工具栏中的"保存"按钮，打开"保存声音为"对话框。

（8）选择音频文件保存位置，输入音频文件的保存名称为"录音 1"，在"保存类型"
下拉列表中选择"波 (*.wav)"格式，单击 保存(S) 按钮，如图 2-32 所示。

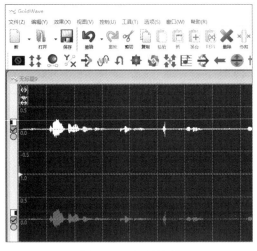

图 2-31　正在录制音频

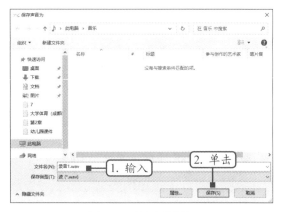

图 2-32　保存音频文件

2. 裁剪音频文件

音频文件录制好后，可根据需要对其进行裁剪处理，即删除不需要的部分，用该方法也
可提取已有音频文件中的部分音频。下面将对上述录制好的音频"录音 1.wav"进行裁剪处
理，其具体操作如下。

（1）在编辑显示窗口中按住鼠标左键不放并进行拖动，选择需要保留
的音频波形，选择的音频波形将以蓝底高亮显示，未选择部分为黑底，如
图 2-33 所示。

微课：裁剪
音频文件

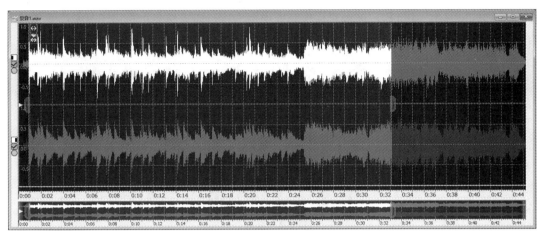

图 2-33　选择要保留的音频波形

（2）单击控制器栏中的 ▶ 按钮，只播放选取的音频部分。通过该操作可以确认要保留的音频部分是不是所需的，若不是可重新进行选择。

（3）选择需要保留的音频波形后，单击工具栏中的"修剪"按钮 ⊪，将不需要的部分删除，此时将只保留选取的音频波形。

（4）使用同样的方法继续修剪音频，完成后保存音频文件。

3. 更改音量

更改音量包括调整音频的音量大小以及设置淡入和淡出音量效果等。下面将更改前面录制的音频"录音 1.wav"的音量，包括选择开始的一小段，增大其音量，再为开始的一段音频添加淡入效果，其具体操作如下。

微课：更改
音量

（1）在编辑显示窗口中按住鼠标左键不放并进行拖动，选择开始的一小段音频部分，然后选择"效果"中的"音量"中的"改变音量"命令，打开"改变音量"对话框。

（2）在对话框的"预设"文本框中输入或选择一个数值，正数表示增大音量，负数表示减小音量，这里将数值设置为"2"，单击右侧的 ▶ 按钮进行试听，如图 2-34 所示。

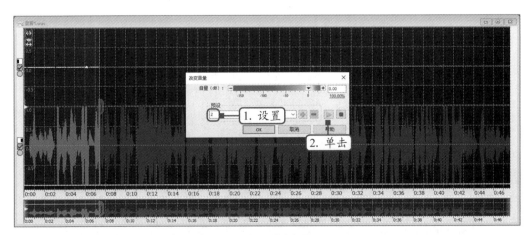

图 2-34　增大音量

（3）单击 OK 按钮，关闭对话框并使设置生效，在编辑显示窗口中可看出音频波形的幅度减小了，如图2-35所示。

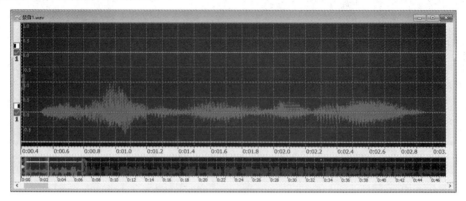

图2-35 音频波形

（4）在编辑显示窗口中选择开始处的一小段音频部分，然后选择"效果"中的"音量"中的"淡入"命令，打开"淡入"对话框。

（5）在对话框的"预设"下拉列表中选择"50%至全量，线性"选项，单击右侧的 ▶ 按钮进行试听，如图2-36所示。

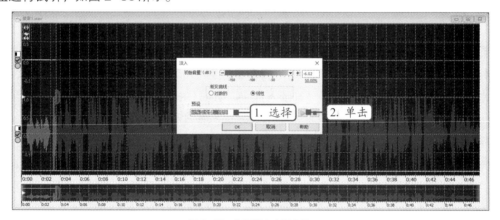

图2-36 设置淡入音量参数

（6）单击 OK 按钮，确认设置，音频波形如图2-37所示。

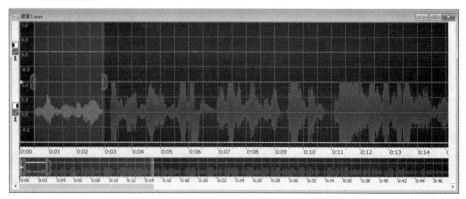

图2-37 音频波形

4. 降噪和添加音效

利用 GoldWave，可以对声音的效果进行特效处理。例如，录制的音频有比较大的噪声时，可以利用 GoldWave 提供的降噪功能进行处理。利用 GoldWave，还可以添加回声和组合音效等。降噪和添加音效的具体操作如下。

（1）选择全部音频，再选择"效果"中的"过滤"中的"降噪"命令，打开"降噪"对话框。

（2）在对话框的"预设"下拉列表中选择"初始噪声"选项（可有效地降低噪声），单击右侧的 ▶ 按钮进行试听，如图 2-38 所示，然后单击 ⬚ OK ⬚ 按钮使设置生效。

（3）选择最后一小段音频，选择"效果"中的"回声"命令，打开"回声"对话框。

（4）在对话框中分别调整"延迟""音量""反馈"等各项参数，以设置回声效果，也可以直接在"预设"下拉列表中选择 GoldWave 预置的一些常见的回声效果，这里选择"5 秒回声"选项，如图 2-39 所示。

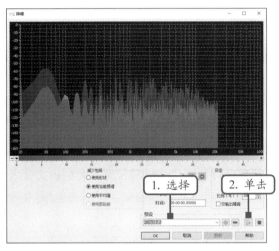

图 2-38　设置降噪参数

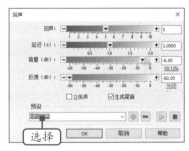

图 2-39　设置回声参数

（5）单击右侧的 ▶ 按钮进行试听，满意后单击 ⬚ OK ⬚ 按钮使设置生效，音频波形如图 2-40 所示。最后保存音频（配套资源：\效果文件\第 2 章\录音 1.wav）。

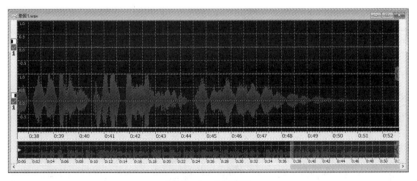

图 2-40　音频波形

5．合并音频文件

　　合并音频文件是指将多个音频文件合成一个音频文件，并保存成新的音频文件。下面对计算机中的"背景音乐.wav"和"听.wav"两个音频文件（配套资源：\素材文件\第2章\背景音乐.wav、素材文件\第2章\听.wav）进行合并操作。

微课：合并音频文件

　　（1）选择"工具"中的"文件合并器"命令，打开"文件合并"窗口。

　　（2）单击 ✚ 添加文件... 按钮，打开"添加文件"对话框，按住【Ctrl】键的同时，选择多个音频文件，单击 加 按钮，如图2-41所示。

　　（3）返回"文件合并"窗口，根据需要调整合并的顺序，单击 合并... 按钮，如图2-42所示。

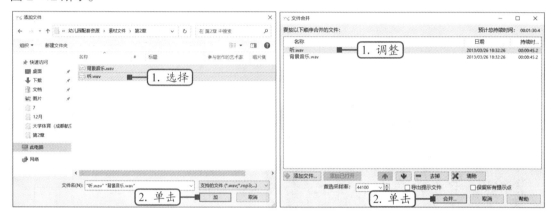

图2-41　添加文件　　　　　　　　　　　　图2-42　文件合并

　　（4）打开"保存声音为"对话框，设置保存合并后声音文件的位置、类型、文件名，再单击 保存(S) 按钮，开始合并并保存音频文件。完成后，打开音频文件（配套资源：\效果文件\第2章\合并后音频.wav）查看合并后的效果。

提示　　在GoldWave的编辑显示窗口中选择音频波形后按【Ctrl+C】组合键复制音频，然后单击要复制到的位置后按【Ctrl+V】组合键进行粘贴，可实现音频的复制操作。同样，使用【Ctrl+X】组合键和【Ctrl+V】组合键可以实现音频的剪贴操作。

2.4　视频素材

　　视频集声、光、画为一体，能给人直观的感受。在幼儿园多媒体课件设计中，幼儿园教师可将自然风光、人文景观等用视频的形式来展现，进行辅助教学，这种方式更加适合幼儿的身心特点，更易于激发幼儿的学习兴趣。

2.4.1　视频素材的收集

　　视频素材的收集方式与图片素材的收集方式相似，主要通过自行拍摄收集和网络下载收集两种方式来实现。

（1）自行拍摄收集。利用数码相机或手机直接拍摄数字影像，并保存为视频格式，不需要转换就可直接输入计算机。其特点是视频体积小，便于存储，使用方便。

（2）网上下载收集。网络中的视频资源格式繁多，因此在下载视频时，需要注意视频文件的格式。由于视频文件通常比较大，可以借助专门的下载工具来完成。常用的下载工具有迅雷、BitTorrent和硕鼠等，这些工具的操作方法相对简单，这里不展开介绍。

2.4.2　视频素材的处理

剪映是一款功能强大的视频剪辑软件，不仅支持对本地视频的剪辑与处理，还可以智能生成视频。下面使用剪映智能生成视频素材，并对生成的视频进行处理，其具体操作如下。

微课：视频素材的处理

（1）安装并启动剪映，在剪映主界面中选择"文字成片"选项，如图2-43所示。

图2-43　选择"文字成片"选项

（2）进入"文字成片"界面，在"主题"文本框中输入需要的视频主题，这里输入"认识形状"，在"话题"文本框中输入"圆形、三角形、长方形、正方形"，在"视频时长"栏中选择"1分钟左右"，单击 生成文案 按钮，如图2-44所示。

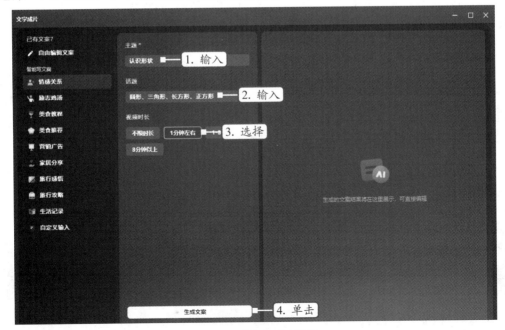

图2-44　输入主题和话题等

（3）此时，剪映将根据主题、话题和视频时长生成视频文案，然后根据实际需求对自动生成的文案进行修改，并在下方选择"少儿故事"选项，单击 生成视频 按钮，在弹出的下拉列表中选择"智能匹配素材"选项，如图2-45所示。

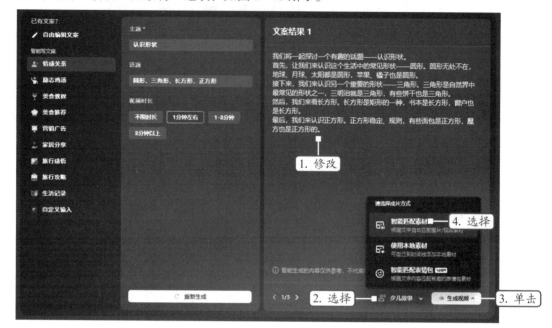

图2-45　生成视频文案及相关设置

（4）剪映将根据文案内容自动生成相应的视频，单击视频预览窗格下方的▶按钮，预览视频，调整不满意的地方。这里将视频轨道处的滑块拖动到视频开头处，在第一个视频片段上右击，在弹出的快捷菜单中选择"替换片段"命令，如图2-46所示。

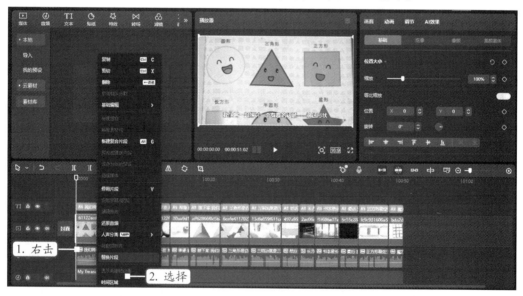

图2-46　选择"替换片段"命令

（5）打开"请选择媒体资源"对话框，在其中选择合适的图片（配套资源：\素材文件\第2章\认识形状.jpg）或视频，打开"替换"对话框，单击 替换片段 按钮，如图2-47所示，对该视频片段进行替换。

（6）按照上述方法，替换其他视频片段（使用配套资源：\素材文件\第2章\各种各样的圆.mp4、\素材文件\第2章\三角形.jpg、\素材文件\第2章\三角形的金字塔.jpg进行替换）。如果替换后的视频片段画面大小与原视频片段不匹配，可以在视频预览窗格中单击视频，拖动四周的控制点，调整视频画面大小，如图2-48所示。

图2-47　替换视频片段　　　　　　　　　　图2-48　调整视频画面大小

（7）继续预览视频，如果发现替换视频片段后的视频与音频不同步，可以在音频轨道或视频轨道上调整音频或视频的时长。这里将鼠标指针移动到视频轨道的右侧，当鼠标指针变成╟形状时，按住鼠标左键不放向右拖动，增加视频片段的时长，如图2-49所示。

图2-49　调整视频片段时长

（8）预览整个视频，然后单击剪映编辑界面右上角的 ⬆导出 按钮，打开"导出"对话框，在其中设置视频的名称和保存位置，再单击 导出 按钮，完成视频（配套资源：\效果文件\第2章\认识形状\）的编辑与制作。

> **提示** 在预览视频时，按【Space】键可以播放视频，播放到需要的位置时，再次按【Space】键可以暂停播放。按住【Ctrl】键并滚动鼠标滚轮，可以放大或缩小视频轨道。在视频轨道前单击 封面 按钮，在打开的界面中可以编辑视频封面图片。

2.5 动画素材

动画素材是对幼儿身心发展最有感染力的素材之一，它能够利用多媒体动态地展示图形变换的过程或事物的形成过程，具有较强的直观性。如今，幼儿几乎从小就接触动画片，幼儿园教学活动设计若能模仿动画片中的人物，则能够有效拉近教学内容与幼儿的距离，并激发他们的学习兴趣。因此，在多媒体课件中添加动画素材能够增强教学效果。

2.5.1　动画素材的收集

动画通过连续播放一系列的画面，在视觉上造成连续变化的图像效果。动画的基本原理是视觉暂留效应。常见的动画格式主要有 GIF 动画和 Flash 动画等。下面具体介绍与这两类动画格式相关的动画素材的收集方式。

（1）GIF 动画。GIF 是 Graphics Interchange Format（图像交换格式）的缩写，是由 CompuServe 公司在 20 世纪 80 年代推出的一种高压缩比的彩色图像文件格式。它的本质是一种图像。网页上的 GIF 动画采用保存图像的方法即可下载，也可使用复制粘贴的方法来保存。

（2）Flash 动画。Flash 动画是使用 Flash 软件制作的动画，其扩展名为 .swf。这种动画的体积较小，可与 HTML（Hypertext Markup Language，超文本标记语言）紧密结合使用。利用搜索引擎，输入需要的动画素材的关键词并进行搜索，即可得到对应的资源列表。动画素材的下载方法与视频的下载方法相同。

2.5.2　动画素材的制作

Flash 动画的基本原件是对象，使用工具箱中的绘图工具可以在图像编辑区中绘制矢量对象，绘制的对象还可保存为组件，作为动画素材重复使用。对象在场景中的某一时刻静止叫作帧。每个场景可创建多个图层，每个图层中又可放置若干个对象。改变对象在场景中的位置和形态，就可使其产生动画效果。使用 Flash 制作动画的具体操作请参见第 5 章中的详细讲解。

三维动画又叫3D动画，在课件的使用中也非常常见。3D动画可从网上的素材库中下载获得，也可使用三维动画制作软件，如Maya、3ds Max或C4D等，来制作。Maya是美国Autodesk公司出品的三维动画制作软件，其应用非常广泛，如专业的影视广告、角色动画、电影特效等，但使用该软件制作3D动画相对复杂；3ds Max是世界上应用较为广泛的三维建模、动画、渲染软件，可以满足高清动画制作、游戏设计等领域的需要，但使用该软件制作

3D动画也相对复杂；C4D即Cinema 4D，由德国Maxon公司研发，其特点是拥有极高的运算速度和强大的渲染插件，但同时需要结合后期软件After Effects一起使用，使用该软件制作3D动画也相对比较复杂。

2.6 练习

本章主要介绍了在设计多媒体课件过程中要使用到的素材的收集和处理方法，幼儿园教师学好这些知识，将有利于设计出更加符合教学需要、画面精美、效果理想的多媒体课件。

1. 制作拼图

本练习将使用稿定设计制作一个拼图，首先在搜索引擎中搜索若干"幼儿园一角"的图片，将其保存在本地计算机中。然后进入稿定设计在线编辑页面，在其中选择"快速拼图"功能，将保存在本地计算机中的图片拼成不同的样式，参考拼图效果如图 2-50 所示。

图 2-50　参考拼图效果

2. 剪辑视频

本练习将使用剪映剪辑一个"认识水果"视频，首先根据主题和话题智能生成视频文案和视频素材，然后根据需要对视频片段进行替换，最后对音频、视频进行调整，完成后的"认识水果"视频时间轴效果如图 2-51 所示，最后将视频（配套资源：\效果文件\第2章\认识水果\）输出。

图 2-51　"认识水果"视频时间轴效果

2.7 拓展知识

　　Adobe 公司推出的 Adobe Premiere 是一款典型的影视非线性编辑软件，使用它编辑后画面质量比较高，且兼容性较好。该软件可以与 Adobe 公司推出的其他软件相互协作，是视频编辑爱好者和专业人士非常青睐的视频编辑工具。图 2-52 所示为 Adobe Premiere 的操作界面。下面对其主要特点和主要功能进行简单介绍。

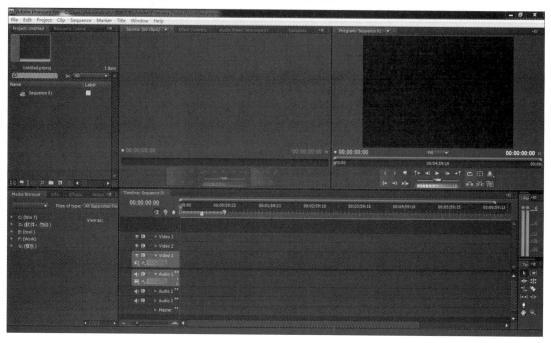

图 2-52　Adobe Premiere 的操作界面

　　（1）主要特点。它是一款非常专业的视频剪辑软件，在进行视频编辑、影视节目预览、视频捕获以及影视节目输出等操作时，可以在兼顾效果和播放速度的同时，实现较好的影音效果。

　　（2）主要功能。它的主要功能包括对影视节目进行剪辑、转场及特效处理，在视频素材上增加各种字幕、图标，压缩合成影音文件，以及与线性设备进行实时对接等。从采集到编辑，再到最后合成、存盘或刻录，Adobe Premiere 能满足大部分人的编辑需求并能实现非常好的视频效果。

第 3 章
PPT 演示型课件制作（一）

PPT 演示型课件是教师根据教学目标，利用 PowerPoint 合理地将教学内容按照一定的组织结构制作而成的课件。PPT 演示型课件具备的生动性、对照性等特点可极大地提高幼儿对事物的认知，因此，制作生动的 PPT 演示型课件是幼儿园教师需要掌握的技能。本章通过 3 个具体案例来讲解使用 PowerPoint 2016 制作 PPT 演示型课件的基本方法。

学习目标

● 制作"讲文明"课件。

● 制作"有趣的形状"课件。

● 设计课件的母版。

素养目标

● 提高审美素养和设计能力，能根据幼儿身心特点和学习特点制作课件。

● 培养信息素养，提高信息敏感度，能自主搜集并运用各种素材和信息。

3.1 制作"讲文明"课件

　　Microsoft（微软）公司推出的 PowerPoint 是一款在幼儿园教学中常见的 PPT 演示型课件制作软件。一个演示文稿由多张幻灯片组成，一张幻灯片由多个对象组成。在学习 PowerPoint 2016 的使用方法前，幼儿园教师首先应该掌握 PowerPoint 2016 的基本操作，这样才能制作出教学需要的 PPT 演示型课件。本节将通过制作"讲文明"课件来具体讲解 PowerPoint 2016 的基本操作，课件的参考效果如图 3-1 所示。

图 3-1　"讲文明"课件参考效果

3.1.1　新建演示文稿

　　新建演示文稿的方法很多，如通过命令新建空白演示文稿，通过快捷菜单和 PowerPoint 2016 自带模板新建演示文稿等，用户可根据实际需求选择这些方法。下面就对这些创建方法进行讲解。

　　（1）通过命令新建空白演示文稿。启动 PowerPoint 2016 后，选择"文件"中的"新建"命令，在打开的"新建"界面中会显示多种演示文稿类型，此时选择"空白演示文稿"选项，即可新建一个空白演示文稿，如图 3-2 所示。

　　（2）通过快捷菜单新建演示文稿。在桌面空白处右击，在弹出的快捷菜单中选择"新建"中的"Microsoft PowerPoint 演示文稿"命令，如图 3-3 所示。

图 3-2　通过命令新建空白演示文稿

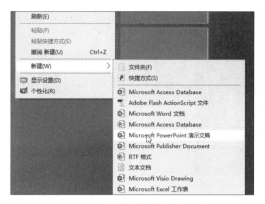

图 3-3　通过快捷菜单新建演示文稿

（3）通过 PowerPoint 2016 自带模板新建演示文稿。PowerPoint 2016 提供了许多模板，用户可在 PowerPoint 2016 自带模板的基础上快速新建带有内容的演示文稿。其方法为：在 PowerPoint 2016 中选择"文件"中的"新建"命令，在打开的"新建"界面中选择所需的模板选项，在打开的对话框中选择"创建"选项 🗋，新建应用该模板的演示文稿，如图 3-4 所示。

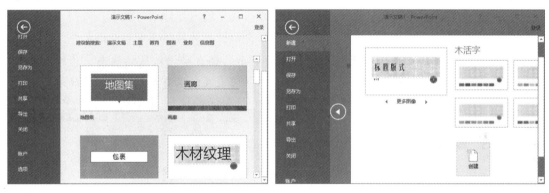

图 3-4　通过 PowePoint 2016 自带模板新建演示文稿

提示

　　　选择"文件"中的"新建"命令，在打开的界面的文本框中输入模板关键词，如"教育""幼儿""安全"等，按【Enter】键，便可以搜索到更多联机的模板，双击模板即可新建使用该模板的演示文稿。

3.1.2　打开演示文稿

　　如果需要对创建的演示文稿进行编辑，首先需要进行打开操作，其具体操作如下。

微课：打开演示文稿

（1）启动 PowerPoint 2016 后，选择"文件"中的"打开"命令，在打开的界面的中间列表中选择"浏览"选项，如图 3-5 所示。

（2）打开"打开"对话框，在其中选择"讲文明"演示文稿（配套资源：\ 素材文件 \ 第 3 章 \ 讲文明 .pptx），单击 打开(O) ▼ 按钮，如图 3-6 所示。

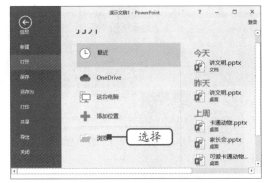

图3-5　选择"浏览"选项

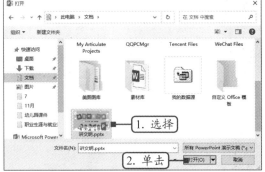

图3-6　打开演示文稿

提示　PowerPoint 2016提供了多种打开演示文稿的方式。如果想打开最近打开过的演示文稿，可选择"文件"中的"打开"命令，在"打开"界面的右侧列表中查看最近打开的演示文稿名称，选择需打开的演示文稿即可。如果想要选择演示文稿的特殊打开方式，在"打开"对话框中单击 打开(O) ▼ 按钮，在打开的下拉列表中选择所需选项即可。其中，"以只读方式打开"表示打开的演示文稿只能进行浏览，不能更改其中的内容；"以副本方式打开"表示将演示文稿作为副本打开，对演示文稿进行编辑时不会影响源文件；"在受保护的视图中打开"表示打开的演示文稿自动进入只读状态；"打开并修复"表示PowerPoint 2016将自动修复因未及时保存等原因而损坏的演示文稿，修复完成后自动打开。

3.1.3　编辑幻灯片

一个完整的演示文稿由若干幻灯片组成，通常来说，为了使PPT课件符合教学需求，幼儿园教师需要根据教学内容来增减幻灯片的数量、调整幻灯片的顺序，这就需要使用新建和删除幻灯片、移动和复制幻灯片等操作。下面在"讲文明"演示文稿中新建和移动幻灯片，其具体操作如下。

微课：编辑幻灯片

（1）在"讲文明"演示文稿左侧的"幻灯片"窗格中选择第1张幻灯片，在"开始"选项卡的"幻灯片"组中单击"新建幻灯片"按钮 下方的 新建幻灯片· 按钮，在打开的下拉列表中选择"标题幻灯片"版式，如图3-7所示。

（2）PowerPoint 2016将根据所选版式添加一张幻灯片，并自动对各张幻灯片重新编号。

提示　在"幻灯片"窗格中单击，按【Enter】键，或在"幻灯片"窗格中右击，在弹出的快捷菜单中选择"新建幻灯片"命令，可在当前幻灯片后面插入1张新幻灯片。如果要删除多余的幻灯片，可以在"幻灯片"窗格中选择需删除的幻灯片，然后在其上右击，在弹出的快捷菜单中选择"删除幻灯片"命令，或选择幻灯片后，按【Delete】键。

（3）在"幻灯片"窗格中选择新建的第 2 张幻灯片，按住鼠标左键不放，将其拖动到第 6 张幻灯片下方，如图 3-8 所示，这时第 6 张幻灯片将自动向上移动。释放鼠标左键，即可将第 2 张幻灯片移动到幻灯片末尾。

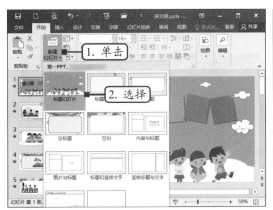

图 3-7　新建标题幻灯片　　　　　　　　图 3-8　移动幻灯片

提示

如果需要在演示文稿中重复应用某个幻灯片版式，可以通过复制幻灯片来实现。在"幻灯片"窗格中选择需要复制的幻灯片，右击，在弹出的快捷菜单中选择"复制"命令。然后将鼠标指针移动到需粘贴幻灯片的位置，右击，再单击"粘贴"按钮📋下方的下拉按钮▾，在打开的下拉列表的"粘贴选项"栏中选择"保留源格式"命令，即可完成幻灯片的复制与粘贴。

"粘贴选项"栏中通常有 3 个选项，"使用目标主题"选项📋表示移动或复制的幻灯片与现有的其他幻灯片在主题风格上保持一致，但格式上会有一些差异；"保留源格式"选项📋表示移动或复制的幻灯片可以保留幻灯片的原样，不会自动转换为现有幻灯片的主题；"图片"选项📋表示只移动或复制幻灯片中的图片。

3.1.4　输入并美化文本

文本是演示文稿的重要组成部分，幼儿园教学课件虽然以图片为主，但大多时候也需要使用文本进行辅助说明。下面在"讲文明"演示文稿的幻灯片中输入并美化文本，其具体操作如下。

微课：输入并
美化文本

（1）选择第 1 张幻灯片，在"插入"选项卡的"文本"组中单击"文本框"按钮📄下方的下拉按钮▾，在打开的下拉列表中选择"横排文本框"选项，如图 3-9 所示。

（2）在幻灯片中拖动鼠标绘制文本框，将文本插入点定位到绘制的文本框中，输入"讲"文本，如图 3-10 所示。

（3）将鼠标指针移动到文本框边框上，单击文本框，然后按【Ctrl+C】组合键进行复制，再按 5 次【Ctrl+V】组合键进行粘贴。将鼠标指针移动到文本框边框上，按住鼠标左键不放进行拖动，移动文本框的位置。这里将6个文本框移动到背景图的6个形状中，再依次输入"文""明""第""一""课"文本，如图3-11所示。

（4）按住【Shift】键，选择6个文本框，在"开始"选项卡的"字体"组中的"字体"下拉列表中选择"微软雅黑"选项，在"字号"下拉列表中选择"54"选项。设置字体与字号效果如图3-12所示。

图3-9　选择"横排文本框"选项　　　　　　　图3-10　输入文本

图3-11　依次输入文本

图3-12　设置字体与字号效果

（5）保持6个文本框的选择状态不变，在"开始"选项卡的"字体"组中单击"加粗"按钮**B**，将文本加粗。然后单击"字体颜色"按钮**A**右侧的下拉按钮**·**，在打开的下拉列表中选择"白色，背景1"选项，如图3-13所示。

（6）选择"讲"文本框，将鼠标指针移动到文本框上方的◎上，按住鼠标左键不放，向左或后拖动，可以将文本框进行旋转，这里向左旋转，使文本框的旋转角度与其所处形状的旋转角度保持一致，如图3-14所示。

图3-13　设置字体颜色

图3-14　旋转文本框

（7）按照上述操作，依次调整其他文本框的旋转角度。

（8）绘制一个"横排文本框"，在其中输入"大（4）班　主讲：花花老师"文本，在"开始"选项卡的"字体"组中将文本的字体格式设置为"迷你简少儿""20""加粗"，效果如图 3-15 所示。

（9）将文本插入点定位到"大（4）班"文本框中，在"开始"选项卡的"段落"组中单击"项目符号"按钮三右侧的下拉按钮·，在打开的下拉列表中选择"项目符号和编号"选项，打开"项目符号和编号"对话框，单击 图片(P)... 按钮，如图 3-16 所示。

图 3-15　设置文本格式效果

图 3-16　设置项目符号样式

（10）在打开的对话框中选择"从文件"选项，打开"插入图片"对话框，在其中选择合适的图片，即可将该图片设置为项目符号样式。这里选择"云朵 .png"（配套资源：\ 素材文件 \ 第 3 章 \ 云朵 .png），单击 插入(S) 按钮，如图 3-17 所示。

（11）返回幻灯片，查看为文本添加图片项目符号的效果，如图 3-18 所示。

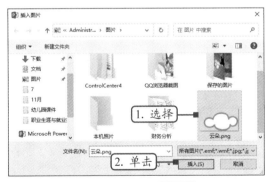

图 3-17　选择图片

图 3-18　查看效果

（12）在"幻灯片"窗格中选择第 2 张幻灯片，绘制一个"横排文本框"，在文本框中输入"吃饭讲话 聊聊天　边吃边说不文明"文本，在"开始"选项卡的"字体"组中将文本的字体格式设置为"方正毡笔黑简体""24""黑色，文字 1，淡色 25%"，然后分别选择"讲话""不文明"文本，将字号设置为"40"，如图 3-19 所示。

（13）按照该方法，依次在第 3 ～ 5 张幻灯片中绘制文本框，输入文本，设置文本的字体和字号，并适当调整文本的排版方式。第五张幻灯片效果如图 3-20 所示。

图 3-19　设置部分文本字号

图 3-20　第 5 张幻灯片效果

3.1.5　设置艺术字效果

幼儿园多媒体课件呈现的效果大多比较活泼、可爱，因此幼儿园教师可以为部分文本设置艺术字效果，使文本看上去更加生动、立体化，以提高幼儿的学习兴趣。下面对"讲文明"演示文稿中的标题幻灯片（第 1 张幻灯片）和结束幻灯片（第 6 张幻灯片）中的部分文本设置艺术字效果，其具体操作如下。

微课：设置艺术字效果

（1）选择第 1 张幻灯片中的"讲""文""明""第""一""课"文本，在"绘图工具 格式"选项卡的"艺术字样式"组中单击"文本效果"按钮，在打开的下拉列表中选择"阴影"子列表中的"右下斜偏移"选项，如图 3-21 所示。

（2）按【Shift】键，选择太阳形状和上述文本所在的前 4 个形状，按【Ctrl+C】组合键，然后选择第 6 张幻灯片，按【Ctrl+V】组合键进行粘贴，将文本所在的 4 个形状移动到幻灯片正上方，如图 3-22 所示。

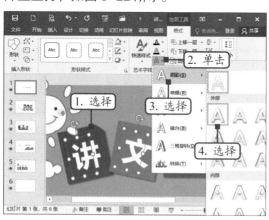

图 3-21　设置文本的艺术字效果

图 3-22　复制和粘贴对象

（3）选择第 1 张幻灯片，选择"讲""文""明""第"文本框，按【Ctrl+C】组合键，然后选择第 6 张幻灯片，按【Ctrl+V】组合键进行粘贴，将粘贴过来的文本框移动到 4 个形状上，如图 3-23 所示。

（4）分别将 4 个文本框中的文本修改为"谢""谢""大""家"，如图 3-24 所示。

图 3-23　复制和粘贴文本框　　　　　　　　　　图 3-24　修改文本

3.1.6　保存和关闭演示文稿

在创建和编辑课件的过程中，可对其进行保存操作，以避免文档内容丢失。当不需要再编辑时，可以将演示文稿关闭，其具体操作如下。

微课：保存和
关闭演示文稿

（1）在演示文稿中选择"文件"中的"另存为"命令，在"另存为"界面中选择"这台电脑"选项，在右侧列表中选择"桌面"选项，如图 3-25 所示。

（2）打开"另存为"对话框，选择保存演示文稿的位置，在"文件名"文本框中输入"讲文明"，然后单击 按钮保存该演示文稿，如图 3-26 所示。

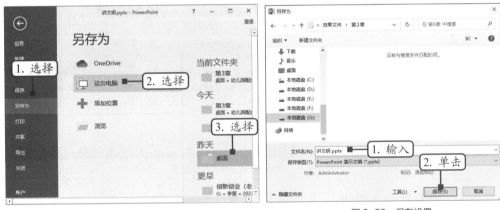

图 3-25　另存演示文稿设置　　　　　　　　　　图 3-26　保存设置

（3）返回演示文稿操作界面，选择"文件"中的"关闭"命令，关闭演示文稿（配套资源：\效果文件\第 3 章\讲文明 .pptx）。

提示

　　若想直接保存，可在原演示文稿上按【Ctrl+S】组合键，若演示文稿之前没有保存过，则按【Ctrl+S】组合键或选择"文件"中的"保存"命令时，将打开"另存为"对话框，然后进行保存即可。另外，PowerPoint 2016支持将演示文稿保存为模板、PDF等其他格式的文档，其方法是：保存时，在"另存为"对话框的"保存类型"下拉列表中选择某种文档格式，单击保存(S)按钮即可。

3.2 制作"有趣的形状"课件

幼儿园教师在制作课件时，大多会添加多种对象来丰富课件内容，提高课件的观赏性和趣味性，以便让幼儿能从兴趣中学到知识，得到启发。本节将通过制作"有趣的形状"课件来具体讲解如何在 PowerPoint 2016 中添加对象，如添加形状、添加图片、添加 SmartArt 图形、添加表格、添加媒体文件等，课件的参考效果如图 3-27 所示。

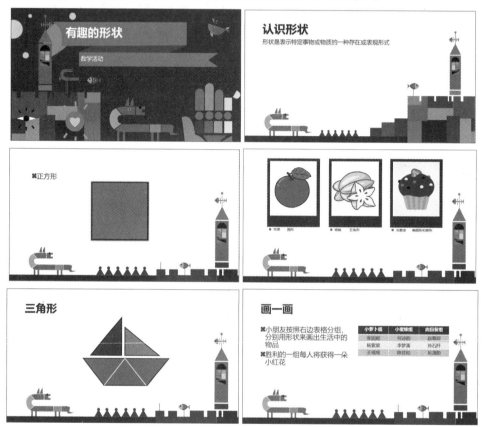

图 3-27 "有趣的形状"课件参考效果

3.2.1 绘制并编辑形状

在幼儿园多媒体课件中，形状的使用频率非常高，无论是教幼儿认识形状，还是用形状装饰课件，都少不了对形状进行应用和美化。下面在"有趣的形状"演示文稿中绘制并编辑形状，然后对形状的填充颜色、轮廓颜色，以及形状效果等进行设置，其具体操作如下。

微课：绘制并
编辑形状

（1）打开"有趣的形状"演示文稿（配套资源：\素材文件\第 3 章\有趣的形状 .pptx），选择第 3 张幻灯片，然后在"插入"选项卡的"插图"组中单击"形状"按钮，在打开的下拉列表中选择"矩形"选项，如图 3-28 所示。

（2）此时鼠标指针变为+形状，按住【Shift】键的同时，在幻灯片中拖动鼠标绘制正方形，如图 3-29 所示。

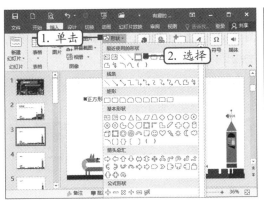

图 3-28　选择形状

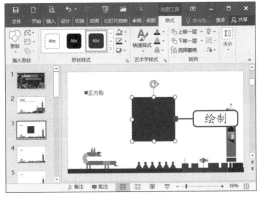

图 3-29　绘制形状

（3）绘制的形状将自动填充默认的颜色，保持形状的选择状态。在"格式"选项卡的"形状样式"组中单击"形状填充"按钮 🎨·，在打开的下拉列表的"主题颜色"栏中选择"粉色，个性色 2，深色 25%"选项，如图 3-30 所示。

（4）此时形状将使用上述设置的颜色来进行填充，继续在该组中单击"形状轮廓"按钮 🖊·，在打开的下拉列表中选择"粗细"选项，在打开的子列表中选择"4.5 磅"选项，如图 3-31 所示。

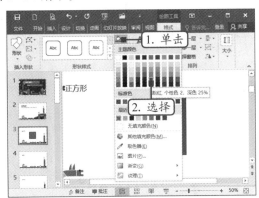

图 3-30　设置填充颜色

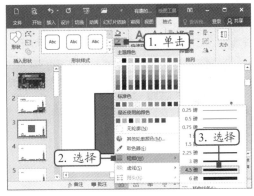

图 3-31　设置轮廓粗细

（5）完成形状的设置后的效果如图 3-32 所示，选择形状，按【Ctrl+C】组合键复制形状。

（6）选择第 5 张幻灯片，按【Ctrl+V】组合键粘贴形状，将鼠标指针移动到正方形右侧的边框线上，按住鼠标左键拖动鼠标调整形状为长方形，如图 3-33 所示。

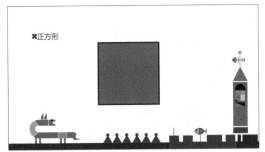

图 3-32　正方形效果

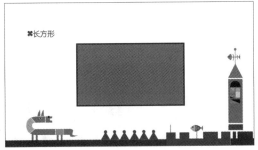

图 3-33　调整正方形为长方形

（7）选择长方形，在"格式"选项卡的"形状样式"组中单击"形状填充"按钮，在打开的下拉列表中选择"取色器"选项，如图3-34所示。此时，鼠标指针将变为吸管笔的形状，左击吸取幻灯片页面中的绿色，将长方形填充为绿色。

（8）单击"形状轮廓"按钮，在打开的下拉列表中选择"取色器"选项，吸取幻灯片页面中的紫色，将长方形的轮廓颜色设置为紫色，如图3-35所示。

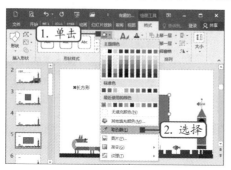
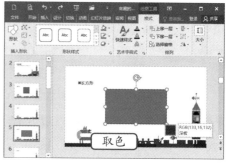

图3-34 设置长方形的填充颜色　　　　图3-35 设置长方形的轮廓颜色

（9）选择长方形形状，将其复制到第6张幻灯片中，然后在"格式"选项卡的"插入形状"组中单击"编辑形状"按钮，在打开的下拉列表中选择"更改形状"选项，在打开的子列表中选择"基本形状"栏中的"等腰三角形"选项，如图3-36所示。

（10）此时，幻灯片中的矩形将自动变为等腰三角形，按照上述方法更改等腰三角形的填充颜色和轮廓颜色，效果如图3-37所示。

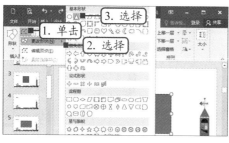
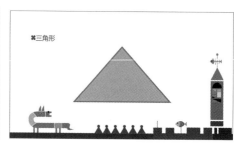

图3-36 更改形状　　　　　　　　图3-37 三角形效果

（11）选择第4张幻灯片，然后利用【Shift】键绘制一个圆形，并更改其填充颜色和轮廓颜色，效果如图3-38所示。

（12）保持形状的选择状态，在"形状样式"组中单击"形状效果"按钮，在打开的下拉列表中选择"阴影"选项，在打开的子列表中选择"居中偏移"选项，如图3-39所示。

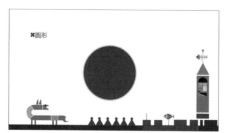
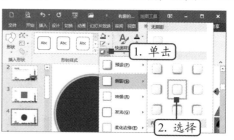

图3-38 圆形效果　　　　　　　　图3-39 添加形状效果

（13）使用相同的方法为前面绘制的 3 种形状添加相同的阴影，选择第 12 张幻灯片，在其中绘制一个正方形，在其四周绘制 5 个小的正方形，然后分别填充不同的颜色，效果如图 3-40 所示。

（14）选择其中一个小正方形，按住【Shift】键的同时选择其他 4 个小正方形，将鼠标指针移动到正上方的控制点上，当鼠标指针变为旋转箭头时拖动鼠标旋转形状，效果如图 3-41 所示。

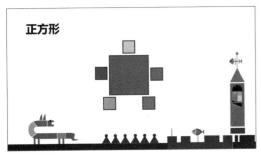

图 3-40　正方形效果

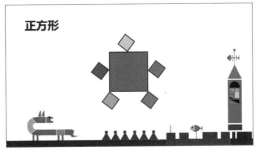

图 3-41　旋转形状

 提示　　选择形状后按【Ctrl+G】组合键或右击，在弹出的快捷菜单中选择"组合"命令，在打开的子菜单中选择"组合"命令，都可以组合形状。当不需要组合形状时，可选择形状，在其上右击，在弹出的快捷菜单中选择"组合"命令，在打开的子菜单中选择"取消组合"命令即可。

（15）拖动鼠标选择绘制的形状，在"格式"选项卡的"排列"组中单击 按钮，在打开的下拉列表中选择"组合"选项，组合形状，如图 3-42 所示。

（16）使用上述方法在第 13 ～ 15 张幻灯片中绘制相应的形状，并调整其填充颜色和轮廓颜色等。完成后的第 15 张幻灯片的效果如图 3-43 所示。

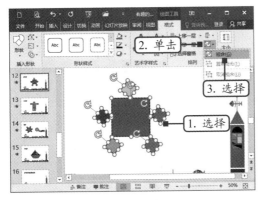

图 3-42　组合形状

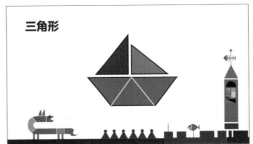

图 3-43　第 15 张幻灯片的效果

3.2.2　插入并编辑图片

相比于文字，图片往往具有更直观的表达效果，特别是对幼儿而言，图片更受幼儿的喜爱，也更易被幼儿理解。下面在"有趣的形状"演示文稿中插入并编辑图片，并调整图片的锐化、亮度、对比度、颜色和样式，其具体操作如下。

（1）选择第7张幻灯片，选择第一个矩形文本框，在"插入"选项卡的"图像"组中单击"图片"按钮 ，如图3-44所示。

（2）打开"插入图片"对话框，在其中选择"1.png"（配套资源：\素材文件\第3章\1.png），然后单击 <u>插入(S)</u> 按钮，如图3-45所示。

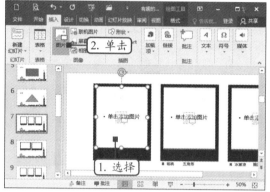

图3-44 单击"图片"按钮 　　　　图3-45 插入图片

（3）此时图片将插入幻灯片，但是显示不全，保持图片的选择状态，在"格式"选项卡的"大小"组中单击"裁剪"按钮 ，查看图片的全部效果，如图3-46所示。

（4）此时图片四周将显示控制按钮，并显示裁剪控制框，将鼠标指针移动到图片上，当其变为 形状时，拖动鼠标裁剪图片，如图3-47所示。

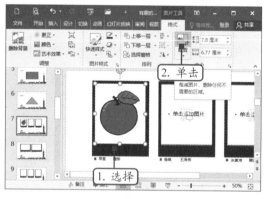

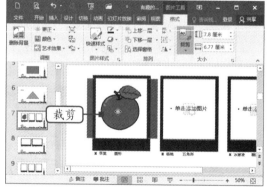

图3-46 单击"裁剪"按钮 　　　　图3-47 裁剪图片

（5）选择幻灯片中的第2个矩形文本框，单击"图片"按钮 ，打开"插入图片"对话框，在其中双击"2.png"（配套资源：\素材文件\第3章\2.png），将图片插入幻灯片，效果如图3-48所示。

（6）使用相同的方法，分别在第7张幻灯片剩余的矩形文本框以及第8～10张幻灯片中插入其他图片（配套资源：\素材文件\第3章\3.png、\素材文件\第3章\4.png、\素材文件\第3章\5.png、\素材文件\第3章\6.png、\素材文件\第3章\7.png、\素材文件\第3章\8.png、\素材文件\第3章\9.png）。完成后的第7张幻灯片的效果如图3-49所示。

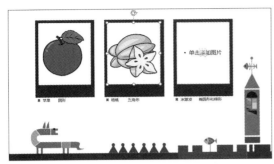

图 3-48　插入图片

图 3-49　插入其他图片

（7）选择第 18 张幻灯片，插入提供的"10.png"素材图片（配套资源：\ 素材文件 \ 第 3 章 \10.png），并调整到合适位置，效果如图 3-50 所示。

（8）选择该图片，在"格式"选项卡的"调整"组中单击"更正"按钮，在打开的下拉列表中选择"锐化 / 柔化"栏中的"锐化 :50%"选项，如图 3-51 所示。

图 3-50　插入图片

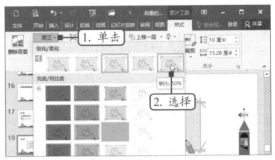

图 3-51　锐化图片

（9）再次单击"更正"按钮，在打开的下拉列表中选择"亮度 / 对比度"栏中的"亮度：0%（正常）对比度 :+20%"选项，如图 3-52 所示。

（10）在"格式"选项卡的"调整"组中单击"颜色"按钮，在打开的下拉列表中选择"重新着色"栏中的"蓝色,个性色 1 浅色"选项，如图 3-53 所示。

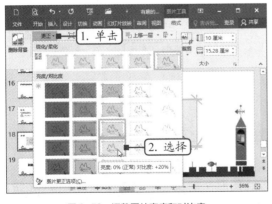

图 3-52　调整图片亮度和对比度

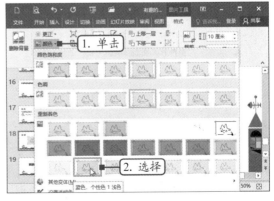

图 3-53　为图片重新着色

（11）在"图片样式"组中单击"快速样式"按钮，在打开的下拉列表中选择"映像圆角矩形"选项，如图 3-54 所示。

（12）完成对图片的设置操作后的效果如图3-55所示。

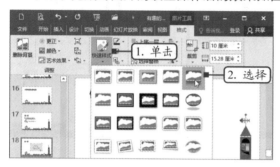

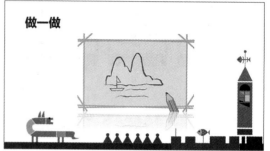

图3-54　为图片应用样式　　　　　　　　　图3-55　设置图片后的效果

 提示　　当预设的图片样式不能满足需要时，可在"图片样式"组中更改图片的边框、图片效果和图片版式等。方法是单击相应的按钮，然后在打开的下拉列表中进行选择、设置。

3.2.3　插入并编辑SmartArt图形

如果需要对有关系、有流程的内容进行规律化、图形化展示，可以使用SmartArt图形。下面在"有趣的形状"演示文稿中插入并编辑SmartArt图形，并对SmartArt图形的形状大小、线条样式、颜色以及填充效果等进行设置，其具体操作如下。

微课：插入并编辑SmartArt图形

（1）选择第16张幻灯片，在"插入"选项卡的"插图"组中单击"SmartArt"按钮 ，如图3-56所示。

（2）打开"选择SmartArt图形"对话框，在其中选择一种形状，这里选择"蛇形图片重点列表"选项，然后单击 确定 按钮，如图3-57所示。

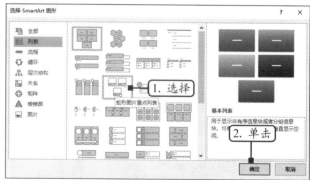

图3-56　单击"SmartArt"按钮　　　　　　图3-57　选择SmartArt图形

（3）幻灯片中将插入一个列表样式的SmartArt图形，在SmartArt图形左侧单击 按钮，展开"在此处键入文字"窗格，在其中依次输入图3-58所示的文本。

（4）选择输入的文本，在"开始"选项卡的"字体"组中选择字体为"黑体"、字号为"36"，如图3-59所示。

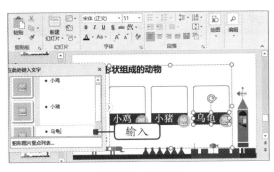

图 3-58　输入文本

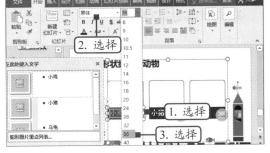

图 3-59　设置字体和字号

（5）单击 × 按钮关闭窗格，然后拖动 SmartArt 图形四周的控制点，调整图形大小，效果如图 3-60 所示。

（6）按住【Shift】键选择文本所在的图形，拖动图形上的控制点调整其大小和位置，效果如图 3-61 所示。

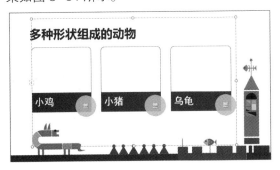

图 3-60　调整 SmartArt 图形大小效果

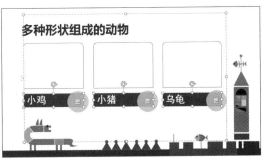

图 3-61　调整文本图形的大小和位置效果

（7）使用相同的方法选择上方的形状，调整其大小和位置，效果如图 3-62 所示。

（8）使用前文介绍的方法在其中绘制各种形状，将其组成动物形状并填充颜色，最后将其组合，效果如图 3-63 所示。

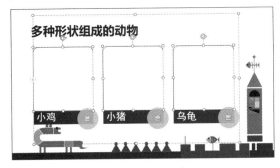

图 3-62　调整形状大小和位置效果

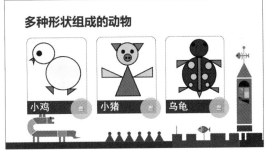

图 3-63　多种形状组成的动物效果

（9）选择 SmartArt 图形右下角的椭圆形状，单击其中的"插入图片"按钮，将图片添加到形状中，并调整图片的大小和位置，效果如图 3-64 所示。

（10）选择文本所在的形状，在"设计"选项卡的"SmartArt 样式"组中单击"更改颜色"按钮，为 SmartArt 图形选择图 3-65 所示的颜色。

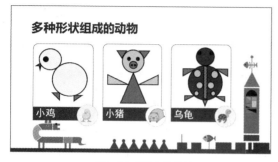

图3-64　添加图片效果

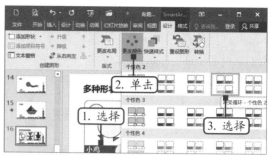

图3-65　更改形状颜色

当SmartArt图形的图形分支不足时，可在SmartArt图形工具的"设计"选项卡的"创建图形"组中单击 添加形状 ·按钮，在打开的下拉列表中选择相应的命令，添加所需的图形分支。若分支太多时，选择多余的形状，然后按【Delete】键删除。

3.2.4　插入并编辑表格

在制作幼儿园多媒体课件时，可以根据课件内容插入表格，进行数据说明，如使用表格说明如何将小朋友进行分组。下面在"有趣的形状"演示文稿中插入并编辑表格，其具体操作如下。

微课：插入并
编辑表格

（1）选择第17张幻灯片，在其中单击"插入表格"按钮▦，如图3-66所示。

（2）打开"插入表格"对话框，然后按照图3-67所示输入列数和行数，单击 确定 按钮。

图3-66　单击"插入表格"按钮

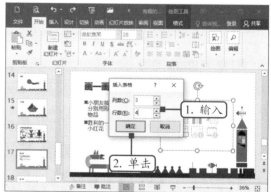

图3-67　设置表格的列数和行数

（3）此时将在幻灯片中插入一个4行3列的表格，在其中输入图3-68所示的数据。

（4）选择表格，在"开始"选项卡的"字体"组中设置表格字体为"微软雅黑"，在"段落"组中单击"居中对齐"按钮▤，如图3-69所示。

图 3-68　输入表格内容

图 3-69　设置文本格式

（5）选择表格第 2 ~ 4 行，在"字体"组中单击"文本颜色"按钮 ▲·，在打开的下拉列表中选择"主题颜色"栏中的"黑色，文字 1，淡色 25%"选项，如图 3-70 所示。

（6）选择表格第 2 行，在"设计"选项卡的"表格样式"组中单击"底纹"按钮 ☲·，在打开的下拉列表中选择"标准色"栏中的"橙色"选项，设置单元格颜色，如图 3-71 所示。

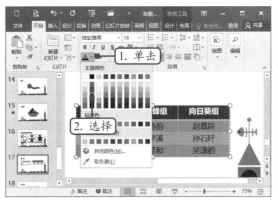

图 3-70　设置文本颜色　　　　　　　　　　图 3-71　设置单元格颜色

（7）使用相同的方法为其他行设置颜色。

3.2.5　插入并编辑媒体文件

在制作课件时，幼儿园教师可以插入剪辑声音、添加音乐或为幻灯片录制配音等，使幻灯片"声情"并茂。下面在"有趣的形状"演示文稿中插入并编辑媒体文件，具体操作如下。

（1）选择第 1 张幻灯片，在"插入"选项卡的"媒体"组中单击"音频"按钮 🔊，在打开的下拉列表中选择"PC 上的音频"选项，如图 3-72 所示。

（2）打开"插入音频"对话框，在其中选择提供的声音文件（配套资源：\ 素材文件 \ 第 3 章 \Summer.mp3），然后单击 按钮，如图 3-73 所示。

微课：插入并
编辑媒体文件

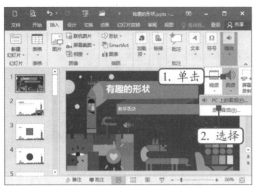

图 3-72　选择"PC 上的音频"选项　　　　　图 3-73　插入音频

（3）此时幻灯片中将显示一个声音图标，同时打开提示播放的控制条，单击▶按钮可播放插入的声音，如图 3-74 所示。

（4）在"播放"选项卡的"编辑"组中单击"剪裁音频"按钮🔊，打开"剪裁音频"对话框，在其中单击▶按钮可试听，拖动播放条两侧的标尺调整剪裁范围，单击 确定 按钮完成剪裁，如图 3-75 所示。

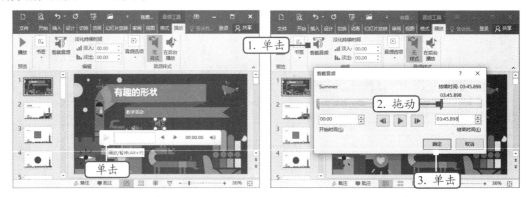

图 3-74　播放音频　　　　　　　　　　图 3-75　剪裁音频

（5）在"编辑"组的"淡入"和"淡出"数值框中单击▲按钮，分别设置声音淡入、淡出的开始时间，如图 3-76 所示。

（6）在"音频选项"组中的"开始"下拉列表中选择"自动"选项，选中"循环播放，直到停止"复选框，如图 3-77 所示。

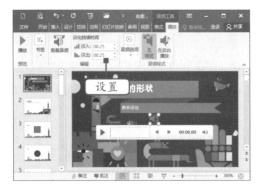

图 3-76　设置声音淡入、淡出的开始时间　　　图 3-77　设置播放方式

（7）设置完成后，按【Ctrl+S】组合键保存课件（配套资源：\效果文件\第 3 章\有趣的形状 .pptx）即可。

3.3 设计课件的母版

母版是定义演示文稿中所有幻灯片或页面格式的幻灯片模板，用它可以制作演示文稿中的统一标志、文本格式、背景、颜色主题以及动画等。设计好母版后，可快速制作出多张样式相同的幻灯片，能极大地提高工作效率。本节将介绍如何制作幼儿园多媒体课件模板，以此介绍幻灯片母版的相关操作，参考效果如图 3-78 所示。

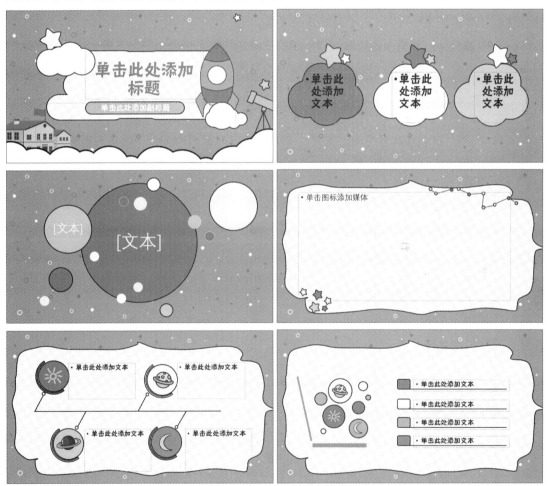

图 3-78　课件母版设计参考效果

3.3.1　幻灯片布局原则与配色原则

对幻灯片进行合理的布局，可以方便用户根据实际需要直接应用幻灯片版式。为幻灯片配色则可有效提高幻灯片的美观度。幻灯片的布局和配色通常需遵循一定的原则，下面分别介绍。

1. 幻灯片布局原则

幻灯片中的对象主要包括文本、图片、表格、声音、动画等，要将这些对象进行合理的布局，就需遵循以下4个原则。

（1）均衡统一。同一演示文稿中各张幻灯片的标题文本、图片等的位置及页边距等应尽量统一，一张幻灯片中应尽量保持幻灯片上下、左右各部分内容量的均衡，背景与配色也应和谐统一。

（2）有机结合。幻灯片中的文本、图片、表格等对象应有机结合在一起，相互配合以传达信息。但同一张幻灯片中各对象的数量也不宜过多，以免累赘。

（3）强调主题。对于幻灯片要表达的核心内容以及演示文稿最后的结论部分，应通过字体、颜色、样式等进行强调，以引起观众的注意。

（4）内容精简。普通人在短时间内可接收并记忆的最大信息量约为7条，因此在一张幻灯片中，文本最好不要超过7行，应尽量精简幻灯片的文本内容，做到言简意赅，便于观众接受。

提示　　在制作幻灯片的过程中，并不是所有的原则都要同时遵循，幻灯片表达的内容各有不同，所遵循的原则也各不相同，要灵活运用这些原则。

2. 幻灯片配色原则

颜色的种类有很多，其搭配方法也有很多。在制作幻灯片时，要使搭配的颜色和谐统一，需遵循以下5个原则。

（1）总体协调，局部对比。幻灯片的整体配色应该协调、统一，局部和小范围的地方可以用一些对比强烈的颜色来进行区分、对比。

（2）明确主色调。每张幻灯片都应有统一的主色调，如果同一个演示文稿中运用太多的颜色，没有主次之分，则会让人感觉眼花缭乱。

（3）主色调随内容而定。根据演示文稿内容的不同，主色调也应不同。例如，环保类课件可使用绿色作为主色调，宇宙星空类课件可使用蓝色作为主色调，运动游戏类课件则可使用黄色或红色作为主色调等。

（4）尽量使用邻近色。邻近色更易产生层次感，并使整体配色更和谐，如深蓝色、蓝色和浅蓝色的搭配使用，黄色、橙色的搭配使用等。

（5）增加背景色与内容颜色的对比度。为了凸显内容，应尽量使背景色和内容颜色的对比度较大，如深色背景用浅色的文字，浅色背景用深色文字。不仅是文字，图表中各对象之间也需要用对比度较大的颜色来进行区分。

3.3.2 设置母版背景样式

为了保持演示文稿中所有幻灯片在视觉效果上的统一，幼儿园教师在制作课件时，可以为课件设置一个统一的背景样式。下面将通过幻灯片母版视图为演示文稿设置统一的背景样式，即母版背景样式，其具体操作如下。

（1）新建一个空白演示文稿，将其保存为"蓝色主题母版"演示文稿，在"视图"选项卡的"母版视图"组中单击"幻灯片母版"按钮，进入幻灯片母版视图，如图 3-79 所示。

微课：设置母版背景样式

（2）在"幻灯片"窗格中选择第 1 张"Office 主题"幻灯片，该幻灯片是主题幻灯片，可以统一整个演示文稿的风格。也就是说，在该幻灯片中进行的编辑操作，将应用于整个演示文稿的幻灯片。选择该幻灯片中的占位符，按【Delete】键删除，如图 3-80 所示。

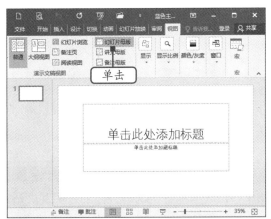

图 3-79　进入幻灯片母版视图

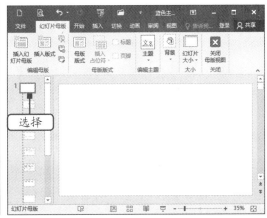

图 3-80　选择幻灯片并删除占位符

（3）在"插入"选项卡的"插图"组中单击"形状"按钮，在打开的下拉列表中选择"矩形"栏中的"矩形"选项，绘制一个与幻灯片页面同等大小的矩形，如图 3-81 所示。

（4）选择绘制的矩形，在"格式"选项卡的"形状样式"组中单击"形状填充"按钮，在打开的下拉列表中选择"其他填充颜色"选项，打开"颜色"对话框，在"红色""绿色""蓝色"数值框中分别输入"72""190""254"，单击 确定 按钮，如图 3-82 所示。

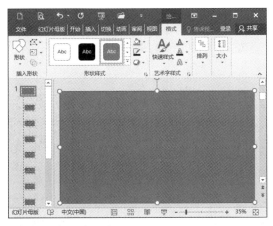

图 3-81　绘制矩形

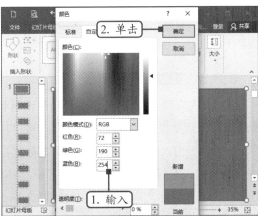

图 3-82　设置形状填充颜色

（5）单击"形状轮廓"按钮，在打开的下拉列表中选择"无轮廓"选项，如图3-83所示。

（6）在"插入"选项卡的"插图"组中单击"形状"按钮，在打开的下拉列表中选择"基本形状"栏中的"同心圆"选项，绘制一个同心圆，将其填充颜色设置为"255""130""0"，形状轮廓设置为"无轮廓"，效果如图3-84所示。

图3-83 取消形状轮廓

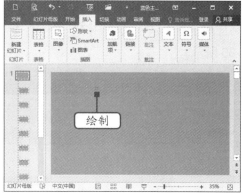
图3-84 同心圆效果

（7）按照上述方法，继续绘制3个同心圆形状，将其填充颜色分别设置为"255""255""255"、"255""80""121"、"255""255""0"，形状轮廓均设置为"无轮廓"，效果如图3-85所示。

（8）继续绘制"十字星""十字形""圆形"形状，为其设置填充颜色，形状轮廓均设置为"无轮廓"，然后将所有形状通过复制、粘贴布满幻灯片背景，这就是整个演示文稿的背景样式，效果如图3-86所示。

图3-85 其他同心圆效果

图3-86 幻灯片母版背景样式效果

3.3.3 设置标题页母版

设置标题页母版，也就是在母版中设置标题页幻灯片的样式。下面将通过幻灯片母版为演示文稿设置标题页幻灯片的样式，包括插入并编辑形状、插入并编辑图片、设置文本占位符文本格式等操作，其具体操作如下。

微课：设置标题页母版

（1）在"幻灯片"窗格中选择"标题幻灯片 版式"幻灯片，即第2张幻灯片。选择标题文本占位符和副标题文本占位符，将其移动到幻灯片编辑区外。绘制一个圆角矩形，将鼠标指针移动到该圆角矩形边框上的黄色控制点上，按住鼠标左键不放向右拖动，调整圆角矩形的圆角弧度，如图3-87所示。

（2）复制 5 个圆角矩形，再绘制一个矩形，将其排列成图 3-88 所示的形状。

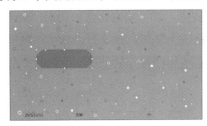
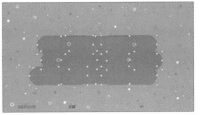

图 3-87　绘制圆角矩形　　　　　图 3-88　复制圆角矩形、绘制矩形并排列

（3）同时选择圆角矩形和矩形，在"格式"选项卡的"插入形状"组中单击"合并形状"按钮 ◎，在打开的下拉列表中选择"联合"选项，如图 3-89 所示，将所有形状组合成一个完整的形状。

（4）将该组合形状的填充颜色设置为白色，形状轮廓设置为黑色，然后单击"形状轮廓"按钮 ✎，在打开的下拉列表中的"粗细"子列表中选择"3 磅"选项，如图 3-90 所示。

（5）选择组合形状，在"格式"选项卡的"形状样式"组中单击"形状填充"按钮 ☼，在打开的下拉列表的"纹理"中选择"其他纹理"选项，如图 3-91 所示。

（6）打开"设置形状格式"窗格，选中"图案填充"单选按钮，在"图案"栏中选择第一排第一个选项，单击"前景"按钮 ☼▾，在打开的下拉列表中选择"最近使用的颜色"栏中的蓝色选项，如图 3-92 所示，为组合形状设置图案填充效果。

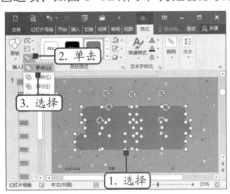
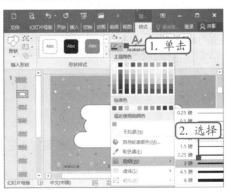

图 3-89　组合形状　　　　　　　　图 3-90　设置形状轮廓粗细

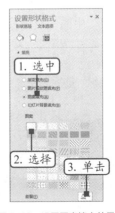

图 3-91　设置形状纹理填充效果　　　　图 3-92　设置图案填充效果

（7）返回幻灯片编辑区，查看组合形状效果，如图 3-93 所示。

（8）按照上述方法，绘制若干大小不一的圆形，将其组合成云朵形状。然后设置组合形状的填充颜色为白色、形状轮廓为黑色、轮廓粗细为 3 磅，效果如图 3-94 所示。

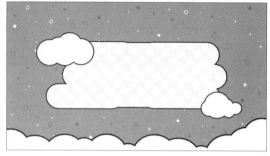

图 3-93　组合形状效果　　　　　　　　　　　　　图 3-94　绘制云朵形状后的效果

（9）按住【Shift】键，绘制一个五角星形状，将其填充颜色设置为黄色，将其形状轮廓设置为黑色，轮廓粗细设置为 3 磅。将鼠标指针移动到五角星边框上的黄色控制点上，按住鼠标左键不放向左上拖动，调整五角星的角弧度。选择五角星，在其上右击，在弹出的快捷菜单中选择"编辑顶点"命令，如图 3-95 所示。

（10）五角星轮廓上将出现黑色控制点，单击五角星一角的控制点，该角的两条边上将出现白色控制点，拖动白色控制点，调整五角星的边的弧度，效果如图 3-96 所示。

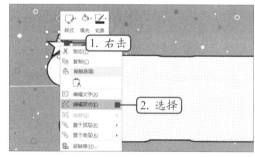

图 3-95　选择"编辑顶点"命令　　　　　　　　　图 3-96　编辑五角星顶点后的效果

（11）按照上述方法，依次调整五角星其他边的弧度，效果如图 3-97 所示。

（12）旋转五角星，然后选择左上方的云朵形状，在其上右击，在弹出的快捷菜单中选择"置于顶层"中的"置于顶层"命令，如图 3-98 所示。

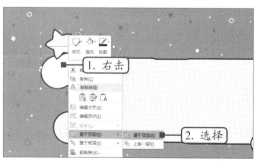

图 3-97　调整后的五角星效果　　　　　　　　　　图 3-98　将云朵形状置于顶层

（13）复制两个五角星形状，改变其填充颜色和大小，并将其放置在幻灯片的不同位置，如图 3-99 所示。

（14）绘制大小不等的矩形和直线，将矩形填充颜色设置为"255""192""1"，形状轮廓设置为黑色，轮廓粗细设置为 3 磅，然后将这些矩形和直线组合成一个望远镜的图形，如图 3-100 所示。

图 3-99　复制五角星并改变其填充颜色和大小

图 3-100　绘制望远镜

（15）在"插入"选项卡的"图像"组中单击"图片"按钮，打开"插入图片"对话框，在其中选择"火箭 .png""房子 .png"（配套资源：\ 素材文件 \ 第 3 章 \ 火箭 .png、\ 素材文件 \ 第 3 章 \ 房子 .png），然后单击 插入(S) 按钮，将图片插入幻灯片，并调整图片的大小和位置。

（16）选择右下方和下方的云朵形状，在其上右击，在弹出的快捷菜单中选择"置于顶层"中的"置于顶层"命令，将云朵形状置于顶层，如图 3-101 所示。

（17）绘制一个圆角矩形，将其填充颜色设置为"255""192""1"，形状轮廓设置为黑色，轮廓粗细设置为 3 磅，然后将该圆角矩形放置于图 3-102 所示的位置。

图 3-101　将云朵形状置于顶层

图 3-102　绘制圆角矩形

（18）将标题文本占位符和副标题文本占位符移到幻灯片编辑区，并置于顶层。选择标题文本占位符，将其文本格式设置为"方正艺黑简体""60"，字体颜色设置为"255""80""121"，效果如图 3-103 所示。

（19）选择副标题文本占位符，将其文本格式设置为"方正少儿简体""28"，字体颜色设置为白色，效果如图 3-104 所示。

图 3-103　设置标题文本占位符文本格式等

图 3-104　设置副标题文本占位符文本格式等

3.3.4　设置多媒体页母版

微课：设置多
媒体页母版

多媒体素材常用于幼儿园多媒体课件中，在幼儿园多媒体课件中插入视频能够极大地提高幼儿的学习积极性。下面介绍在幻灯片中设置多媒体页母版的方法，其具体操作如下。

（1）在"幻灯片"窗格中选择"标题和样式 版式"幻灯片，即第3张幻灯片。将该幻灯片中的所有文本框删除，然后在"插入"选项卡的"插图"组中单击"形状"按钮 ，在打开的下拉列表中选择"线条"栏中的"曲线"选项，绘制图 3-105 所示的形状。

（2）将该形状的填充颜色设置为白色，形状轮廓设置为黑色，轮廓粗细设置为3磅。在"格式"选项卡的"形状样式"组中单击"形状填充"按钮 ，在打开的下拉列表的"纹理"中选择"其他纹理"选项。打开"设置形状格式"窗格，选中"图案填充"单选按钮，在"图案"栏中选择第一排第一个选项，单击"前景"按钮 ，在打开的下拉列表中选择蓝色选项，为形状设置图案填充效果，效果如图 3-106 所示。

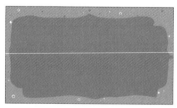

图 3-105　绘制形状

图 3-106　设置形状后的效果

（3）绘制一些五角星形状、圆形和线条，将其组合成图 3-107 所示的形状。

（4）在"幻灯片母版"选项卡的"母版版式"组中单击"插入占位符"按钮 ，在打开的下拉列表中选择"媒体"选项，如图 3-108 所示。此时鼠标指针将变为十字形状，按住鼠标左键不放拖动鼠标，插入媒体占位符，单击该占位符中的图标即可插入视频素材。

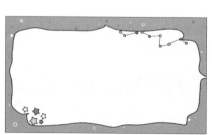

图 3-107　添加其他形状并组合

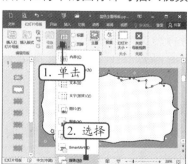

图 3-108　插入媒体占位符

3.3.5 设置过渡页母版

微课：设置过
渡页母版

如果要对课件内容进行区分，可以为课件专门设计一个过渡页幻灯片样式（即过渡页母版）。下面介绍在幻灯片中设置过渡页母版的方法，其具体操作如下。

（1）在"幻灯片"窗格中选择第 4 张幻灯片，将其中的文本占位符删除。绘制 5 个大小不一的圆形，如图 3-109 所示。

（2）选择所有圆形，在"格式"选项卡的"插入形状"组中单击"合并形状"按钮 ，在打开的下拉列表中选择"联合"选项，将圆形组合起来。设置其填充颜色为"255""80""121"、形状轮廓为黑色、轮廓粗细为 3 磅，完成后的效果如图 3-110 所示。

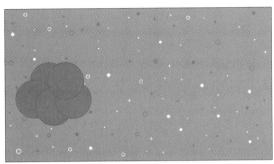

图 3-109　绘制 5 个大小不一的圆形

图 3-110　云朵形状效果

（3）在云朵上方绘制两个五角星形状，为其填充不同的填充颜色，并设置其轮廓效果，效果如图 3-111 所示。

（4）复制云朵形状和五角星形状，更改其填充颜色，效果如图 3-112 所示。

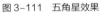

图 3-111　五角星效果

图 3-112　复制形状并更改其填充颜色效果

（5）在"幻灯片母版"选项卡的"母版版式"组中单击"插入占位符"按钮 ，在打开的下拉列表中选择"文本"选项，如图 3-113 所示，此时鼠标指针将变为十字形状，按住鼠标左键不放拖动鼠标，插入文本占位符。

（6）选择文本占位符，将其文本格式设置为"方正艺黑简体""40"，字体颜色设置为黑色。按照上述方法，继续插入两个文本占位符，同样设置其字体格式为"方正艺黑简体""40"，字体颜色设置为黑色，效果如图 3-114 所示。

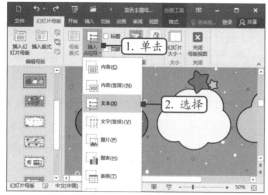

图 3-113 插入文本占位符 　　　　　　　　图 3-114 设置文本占位符字体格式等的效果

3.3.6 设置正文页母版

幼儿园教学课件中的文字通常不多，因此正文页幻灯片版式的设计可以图示为主。下面介绍在幻灯片中设置正文页母版的方法，其具体操作如下。

微课：设置正文页母版

（1）在"幻灯片"窗格中选择第5张幻灯片，删除其中的占位符，在"插入"选项卡的"插图"组中单击"SmartArt"按钮 🖼，打开"选择 SmartArt 图形"对话框，在其中选择"循环关系"选项，然后单击 确定 按钮，如图 3-115 所示。

（2）调整插入的 SmartArt 图形的大小，分别设置其中每个圆形的填充颜色和轮廓效果，效果如图 3-116 所示。

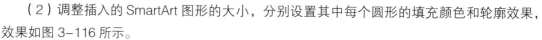

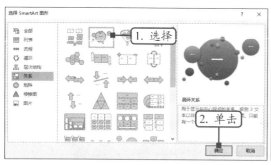

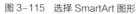

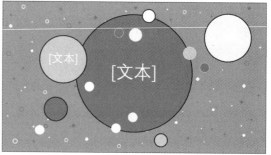

图 3-115 选择 SmartArt 图形 　　　　　　图 3-116 调整、设置后的 SmartArt 图形效果

（3）在"幻灯片"窗格中选择第6张幻灯片，删除其中的占位符，将多媒体页母版中的白色底纹、五角星、星系等形状复制到该幻灯片中，效果如图 3-117 所示。

（4）在"幻灯片母版"选项卡的"母版版式"组中单击"插入占位符"按钮 🖫，在打开的下拉列表中选择"文本"选项，插入一个文本占位符。设置该文本占位符中的文本样式为"方正艺黑简体""28"、字体颜色为"255""80""121"。设置第二级文本的文本格式为"方正少儿简体""24"、字体颜色为"255""192""0"。

（5）在该幻灯片中插入一个图片占位符，调整文本占位符和图片占位符的位置，如图 3-118 所示。

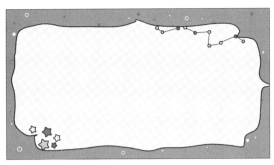

图 3-117　复制形状

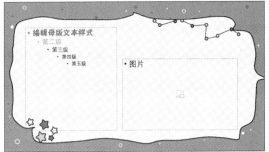

图 3-118　插入图片占位符后的效果

（6）按照前文所述方法，绘制形状制作图示，并在其中插入文本占位符，效果如图 3-119 所示。

（7）在幻灯片中插入"太阳.png""月亮.png""星球.png""星球 1.png"（配套资源：\素材文件\第 3 章\太阳.png、\素材文件\第 3 章\月亮.png、\素材文件\第 3 章\星球.png、\素材文件\第 3 章\星球 1.png），调整图片的大小和位置，以装饰形状，效果如图 3-120 所示。

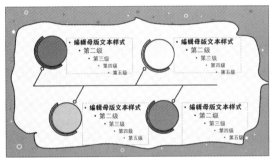

图 3-119　绘制形状并插入文本占位符后的效果

图 3-120　插入图片并调整其大小和位置后的效果

（8）按照上述方法，继续制作其他内容幻灯片。

3.3.7　设置结束页母版

与标题幻灯片类似，结束页幻灯片中往往只放置结束语，不再放置文本、图片、图示等对象，因而可以直接使用标题幻灯片的版式，也可以使用没有添加对象的内容幻灯片的版式。下面介绍在幻灯片中设置结束页母版的方法，其具体操作如下。

微课：设置结束页母版

（1）在"幻灯片"窗格中选择第 9 张幻灯片，删除其中的占位符，然后将标题幻灯片中的形状、图片等对象复制过来，效果如图 3-121 所示。

（2）删除副标题文本占位符及其下的圆角矩形，然后调整标题文本占位符的位置，更改字号，完成结束页母版版式的设计。

（3）在"幻灯片"窗格中选择第 3 张幻灯片，在其上右击，在弹出的快捷菜单中选择"重命名版式"命令，打开"重命名版式"对话框，在其中的文本框中输入"媒体"，单击 重命名(R) 按钮，如图 3-122 所示，对版式进行重命名。

（4）按照上述方法，依次对其他幻灯片母版版式进行重命名。

图3-121　复制标题页幻灯片中的对象

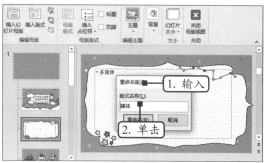

图3-122　重命名母版版式

提示　　在母版视图下通过"插入"选项卡中的命令绘制的文本框在退出母版视图后都不可编辑，因此，在设计母版时，若后续需要修改文本的文本框必须使用文本占位符。

3.3.8　使用幻灯片母版

幻灯片母版设计完成后，在普通视图中就可以根据课件需要，新建相应的幻灯片版式，快速完成幻灯片的制作。下面使用幻灯片母版来快速完成幻灯片的制作，其具体操作如下。

微课：使用幻灯片母版

（1）在"幻灯片母版"选项卡的"关闭"组中单击"关闭母版视图"按钮，返回普通视图。在普通视图中，演示文稿中默认只有一张标题页幻灯片，在标题页幻灯片的文本占位符中可以直接输入文本。

（2）在"开始"选项卡的"幻灯片"组中单击"新建幻灯片"按钮下方的下拉按钮，打开的下拉列表中会显示所有设置的幻灯片母版，在其中选择需要的版式，可新建相应的幻灯片，如图3-123所示。

（3）依次新建其他幻灯片版式，如图3-124所示，新建完成后保存演示文稿，完成母版的设计（配套资源：\效果文件\第3章\蓝色主题母版.pptx）。

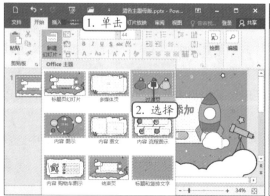

图3-123　选择幻灯片版式

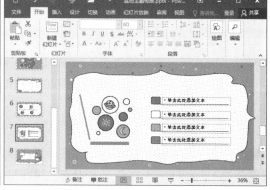

图3-124　新建幻灯片版式

3.4 练习

本章主要介绍了 PowerPoint 2016 的基本操作、在幻灯片中插入并设置各种对象的方法，以及幻灯片母版的制作方法等。在幼儿园多媒体课件的制作中，这些操作都是常用的基本操作，因此幼儿园教师需要好好掌握，并能够熟练运用这些操作。

1. 制作"认识蔬菜水果"课件

本练习将制作"认识蔬菜水果"课件。首先打开提供的"认识蔬菜水果 .pptx"素材文件（配套资源：\素材文件\第 3 章\认识蔬菜水果 .pptx），在其中设置幻灯片的大小，然后更改幻灯片版式，最后插入文本框，输入文本，并调整文本格式，完成后的课件参考效果如图 3-125 所示（配套资源：\效果文件\第 3 章\认识蔬菜水果 .pptx）。

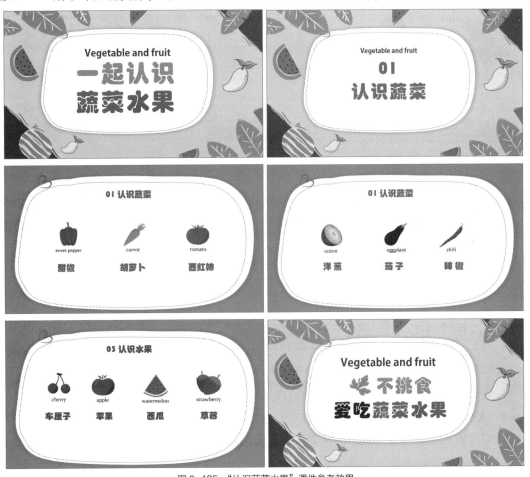

图 3-125　"认识蔬菜水果"课件参考效果

2. 制作"感恩父母"课件

本练习将制作"感恩父母"课件。首先打开提供的"感恩父母 .pptx"素材文件（配套资源：\素材文件\第 3 章\感恩父母 .pptx），在幻灯片中输入文本，设置文本格式，然后在其中插入图片并设置样式、插入和设置形状样式，并对其进行美化，完成后的课件参考效果如

图3-126所示（配套资源：\效果文件\第3章\感恩父母.pptx）。

图3-126 "感恩父母"课件

3.5 拓展知识

在实际制作课件的过程中，为了提升课件的美观性，使其更符合幼儿教学需要，可以使用一些演示文稿制作技巧，如幻灯片版式设计、配色和文字设计等的制作技巧。

1. 幻灯片版式设计

幻灯片版式主要有文字型、图文混排型和全图型3种版式，设计了版式的幻灯片不仅其画面的美观性更高，也更能凸显其专业性。

（1）文字型版式设计

文字型版式设计包括字体格式、段落格式、排列方式等的设计，具体设计通常是根据文本内容的多少来决定的。文字型版式设计主要包括两种：一种是通栏型，即文字从上到下、从左到右进行排列；另一种是垂直型，即文字从上到下、从右到左进行排列，如图3-127所示。需注意的是，在对文字进行排版时，要根据文字内容的多少对文字的间距和行距进行合理设置。如果段落文本较多，可设置相应的项目符号，使各段落之间的结构更清晰。

图 3-127　通栏型文字排列和垂直型文字排列

（2）图文混排型版式设计

图文混排型版式是幻灯片中常见的一种版式，其设计常用左右型、中间型和上下型 3 种排版。左右型排版是图文混排中常用的一种排版，这种排版既符合观看者的视线移动方式，又能使图片与横向排列的文字形成有力的对比。左右型排版一般分为两种情况：一种是左边图片、右边文字；另一种是左边文字、右边图片。中间型排版在幻灯片中应用比较少，若使用一般都是将图片排在幻灯片中间，文字排于图片两侧。中间型排版设计最重要的就是图片与文字的搭配，必须选择与文本内容相符的图片，确保图文的一致性。在设计幻灯片版式时，若使用中间型排版，要注意左右文字与图片之间的距离须保持一致，这样才能使图文的搭配更协调。上下型版式设计在幻灯片中也比较常用，在对这种版式进行设计时，要注意控制文字量和文字与图片的排列位置，这样才能使整个版式更协调。图 3-128 所示为左图右文版式和上图下文版式。

图 3-128　左图右文版式和上图下文版式

（3）全图型版式设计

全图型版式多用于标题页幻灯片，幼儿园教学课件中也较常使用全图型版式的幻灯片。在全图型版式的设计中，图片的选用和排列方式非常重要，而且文字内容必须要少，只需突出重点即可。全图型版式既可给人一种强烈的视觉冲击力，让人们快速理解、记忆幻灯片所传递的内容，又可增加幻灯片画面的美观性。但在使用这种版式制作课件时，要特别注意图片和文字的搭配效果。图 3-129 所示为全图型版式的幻灯片版面。

图 3-129　全图型版式的幻灯片版面

2. 配色

配色是制作课件的必要环节，配色的效果不仅会影响课件的美观性，还会影响课件的品质和幼儿对课件展示的知识的接受度与吸收效果。幼儿园教师可以通过以下 3 种方式来提升自己的配色能力，从而美化自己的课件。

（1）从优秀的演示文稿中学习

对某些美术基础较薄弱的幼儿园教师来说，配色是制作课件的一大难题，一旦课件颜色搭配不好，就会影响整个课件的教学效果。在为课件配色时，建议幼儿园教师使用系统提供的配色方案，若提供的配色方案不能满足需要，可学习、借鉴一些优秀演示文稿中的配色方案，这样就不会因配色而导致整个课件的质量降低。

（2）通过课件内容相关因素进行搭配

若课件的主要内容是各学科的知识，那么课件的颜色可以根据各学科的性质来进行搭配，如科学自然类课件可以使用冷色调的颜色，游戏活动类课件可以使用暖色调的颜色，也可以根据幼儿园园徽的颜色、校服的颜色、各班级班徽的颜色等来进行搭配，这样不仅能提高课件的美观性，还能起到宣传幼儿园的作用，一举两得。

（3）学习专业 PPT 网站的配色方案

要提升自己的配色能力，幼儿园教师还可以学习专业 PPT 网站的配色方案，这些配色方案大多是一些专业人士设计的，比较专业。如果在制作课件时不知道如何配色，便可打开这一类专业网站，借鉴其配色思路。

3. 文字设计

文字是 PPT 中基本的组成元素，其主要作用是将幻灯片所要表达的信息清晰地传递给观看者。除此之外，文字也是观看者注意的焦点，其决定了幻灯片的主题和版式。在制作幼儿园 PPT 演示型课件时，文字设计应满足以下 3 个方面的要求。

（1）字体不超过 3 种。整个 PPT 演示型课件应尽量保持字体统一，整个 PPT 中不超过 3 种字体。

（2）强化重点文字。制作文字内容较多的 PPT 时，除了要对文字进行提炼外，还应对重点文字进行强化，达到突出显示的效果。突出重点的方法有很多，如常用的增大字号、改变字体颜色、添加边框等。

（3）恰当的字体搭配。同样的一组设计，使用不同的字体呈现的效果差异可能会非常大，因此幼儿园教师在设计 PPT 时还应结合演示主题、场景、风格等因素选择合适的字体。图 3-130 所示为常见的幼儿园多媒体课件字体设计，主要以卡通字和圆体字进行搭配，重点提示则使用加粗的黑体字。

图 3-130　字体设计

第4章
PPT演示型课件制作（二）

能够使用PowerPoint制作简单的PPT演示型课件是对幼儿园教师的基本要求，由于幼儿园教学对象的特殊性，幼儿园教师在制作PPT演示型课件时，不仅应保证课件内容的正确性、完整性，还要使课件生动、形象。本章通过3个具体案例来讲解在PowerPoint 2016中为课件添加动画的具体操作、放映幻灯片的相关设置，以及如何又好、又快地输出PPT演示型课件。

学习目标

● 设置"儿歌教学"课件动画。

● 放映"儿歌教学"课件。

● 输出"儿歌教学"课件。

素养目标

● 培养灵活运用设计元素的能力，提升整体设计能力。

● 培养创新思维，善于兼顾形式美与实用性。

4.1 设置"儿歌教学"课件动画

为演示型课件设置动画可以使课件内容更加生动、形象。PowerPoint 2016可以为幻灯片中的内容添加播放动画，也可以为幻灯片添加切换动画，还可以设置触发器来控制动画。而通过创建超链接，则可以改变课件的线性放映方式，提高课件的交互性。本节将通过设置"儿歌教学"课件动画来具体讲解在PowerPoint 2016中设置动画的操作方法，课件参考效果如图4-1所示。

图4-1 "儿歌教学"课件参考效果

4.1.1 设置对象动画

设置对象动画是指为幻灯片内的对象添加各种动画，以控制各个对象的出现顺序和出现方式，从而突出重点信息，增加演示的趣味性。PowerPoint 2016提供了多种动画类型，包括进入动画、退出动画、强调动画、路径动画等。在为幻灯片设置动画时，可以为对象应用单个动画，也可以为对象应用组合动画。

1. 设置文本进入动画与音频播放动画

文本进入动画和音频播放动画是幻灯片中比较基础的动画，主要用于控制文字进入幻灯片的方式和音频的播放方式。下面在"儿歌教学"演示文稿中为幻灯片中的文本和音频设置动画，其具体操作如下。

（1）打开"儿歌教学"演示文稿（配套资源：\素材文件\第 4 章\儿歌教学 .pptx ），选择第 1 张幻灯片，在其中选择"小星星"文本框，在"动画"选项卡的"动画"组的"动画样式"中单击"其他"按钮▽，在打开的下拉列表中选择"进入"栏中的"飞入"选项，如图 4-2 所示。

微课：设置文本进入动画与音频播放动画

（2）在"动画"选项卡的"动画"组中单击"效果选项"按钮→，在打开的下拉列表中选择"自左侧"选项，如图4-3所示，将该文本框动画的进入方式设置为自幻灯片左侧飞入。

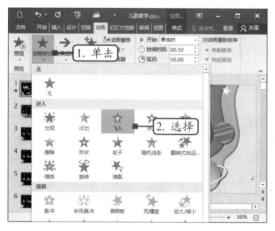

图4-2　添加进入动画

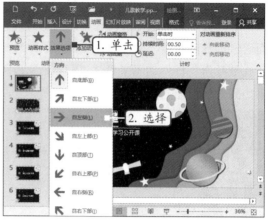

图4-3　设置动画效果选项

（3）按照上述方法，为另一个文本框应用自左侧飞入的进入动画。然后在"计时"组的"开始"下拉列表中选择"上一动画之后"选项，如图4-4所示，将该文本框的动画效果设置为上一文本动画播放完后自动播放。

（4）选择幻灯片编辑区外的音频文件，在"动画"选项卡的列表框中为其应用"播放"动画，然后在"计时"组的"开始"下拉列表中选择"上一动画之后"选项，如图4-5所示。

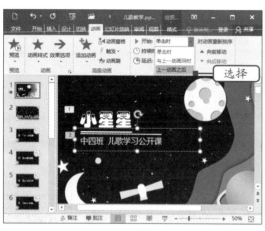

图4-4　设置动画开始方式

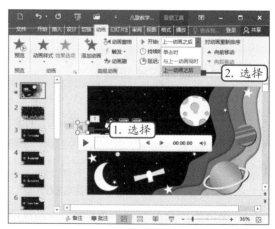

图4-5　设置音频播放动画

2. 设置星星闪烁动画

如果需要将某个动画重复播放，实现连续、长久的动画效果，可以通过设置动画的计时来实现。下面在"儿歌教学"演示文稿中设置星星闪烁动画，其具体操作如下。

（1）在"动画"选项卡的"高级动画"组中单击"动画窗格"按钮，

微课：设置星星闪烁动画

打开"动画窗格"，如图 4-6 所示，在"动画窗格"中单击按钮，预览当前幻灯片的所有动画效果。

　　选择幻灯片，在"动画"选项卡的"预览"组中单击"预览"按钮，也可以预览当前幻灯片的动画效果。

　　（2）选择第 2 张幻灯片，按住【Ctrl】键，选择所有五角星形状，在"动画"选项卡的"动画"组的"动画样式"中单击"其他"按钮，在打开的下拉列表中选择"强调"栏中的"脉冲"选项。此时，除第一个五角星形状之外，其他五角星形状的动画开始方式均为"与上一动画同时"，如图 4-7 所示。

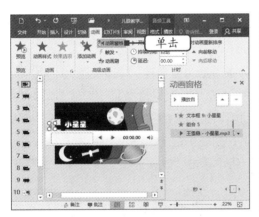

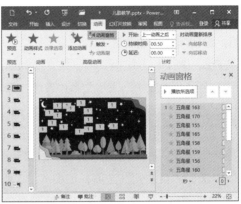

图4-6　打开"动画窗格"　　　　图4-7　在动画窗格批量添加动画

　　（3）在"动画窗格"中选择第一个动画，将其开始方式设置为"与上一动画同时"，然后在"动画窗格"中选择所有的五角星形状动画，在其上右击，在弹出的快捷菜单中选择"计时"命令，打开"脉冲"对话框，在"计时"选项卡的"期间"下拉列表中选择"快速(1 秒)"选项，在"重复"下拉列表中选择"直到下一次单击"选项，单击按钮，如图 4-8 所示，将所有五角星形状的动画设置为 1 秒脉冲一次，且重复播放该动画，直到下一次单击。

　　在幻灯片中选择应用了动画的对象，在"动画"选项卡的"计时"组中也可以设置该动画的计时。其中，"持续时间"用于设置动画的播放时间，"延迟"用于设置动画的延迟播放时间。

　　（4）在第 2 张幻灯片中选择所有"十字星"形状，同样为其应用"脉冲"强调动画，然后将第一个十字星形状的动画开始方式设置为"与上一动画同时"。选择所有十字星形状的动画，在其上右击，在弹出的快捷菜单中选择"计时"命令，打开"脉冲"对话框，在"计时"选项卡的"期间"下拉列表中输入"0.75 秒"，在"重复"下拉列表中选择"直到下一次单击"选项，单击按钮，如图 4-9 所示。

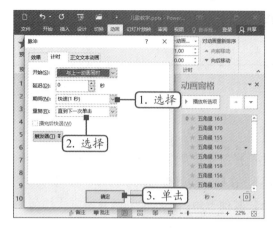

图4-8　设置动画计时

图4-9　设置其他形状的动画计时

（5）在"动画窗格"中单击 ▷ 播放自 按钮，预览星星闪烁的动画效果。

3. 设置字幕滚动动画

在PowerPoint 2016中，可以将文本的动画效果设置为像字幕一样逐次显示。下面在"儿歌教学"演示文稿中设置字幕滚动动画，其具体操作如下。

微课：设置字幕滚动动画

（1）选择第3张幻灯片中的文本框，在"动画"选项卡的"动画"组的"动画样式"中单击"其他"按钮，在打开的下拉列表中选择"进入"栏中的"擦除"选项。在"动画"选项卡的"动画"组中单击"效果选项"按钮→，在打开的下拉列表中选择"自左侧"选项，如图4-10所示。

（2）在"动画"选项卡的"高级动画"组中单击"动画窗格"按钮，打开"动画窗格"，在"动画窗格"的文本框动画上右击，在弹出的快捷菜单中选择"效果选项"命令，如图4-11所示。

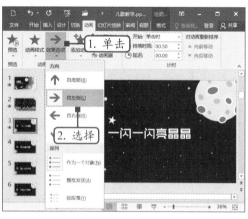

图4-10　为文本添加动画

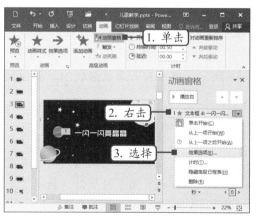

图4-11　选择"效果选项"命令

（3）打开"擦除"对话框，在"动画文本"下拉列表中选择"按字母"选项，在其下方的数值框中输入"60"，如图4-12所示，即按照延迟60%的速度，一个字一个字地显示文字动画。

（4）单击"计时"选项卡，在"开始"下拉列表中选择"与上一动画同时"选项，单击 确定 按钮，如图 4-13 所示。

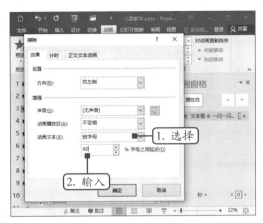

图4-12 设置动画文本

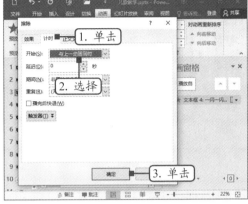

图4-13 设置文本动画计时

（5）在幻灯片中选择文本框上方的五角星形状，在"动画"选项卡的"动画"组的"动画样式"中单击"其他"按钮，在打开的下拉列表中选择"动作路径"栏中的"直线"选项，为五角星形状应用一个直线运动的动画效果，如图 4-14 所示。

（6）在"动画"选项卡的"动画"组中单击"效果选项"按钮，在打开的下拉列表中选择"右"选项，将动画效果更换为向右做直线运动，然后在幻灯片中选择该直线，当其两端的控制点变成圆点时，在圆点上按住鼠标左键不放向右拖动，将直线向右延长，如图 4-15 所示。拖动时可按住【Shift】键，让直线在平行状态下向右延长。

图4-14 添加路径动画

图4-15 调整直线路径动画

（7）继续选择五角星形状，在"动画"选项卡的"高级动画"组中单击"添加动画"按钮，在打开的下拉列表中选择"强调"栏中的"陀螺旋"选项，如图 4-16 所示。继续选择五角星形状，再次为其添加一个"陀螺旋"动画。

（8）在"动画窗格"中同时选择直线动画和两个陀螺旋动画，在"动画"选项卡的"计时"组中将"开始"设置为"与上一动画同时"，然后选择直线动画和第一个陀螺旋动画，将"持续时间"设置为"02.00"，选择第 2 个陀螺旋动画，将"延迟"设置为"00.10"，如图 4-17 所示。通过设置各个对象的持续时间和延迟时间，可以让星星滚动的动画时间与文字擦除的动画时间保持一致。

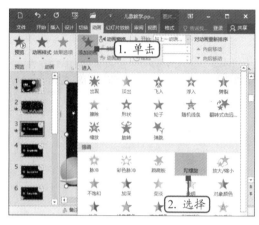

图4-16　添加强调动画

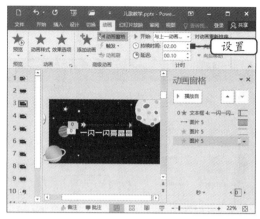

图4-17　设置动画计时

（9）选择第3张幻灯片中的文本框，在"动画"选项卡的"高级动画"组中单击"动画刷"按钮❋，如图4-18所示，然后选择第4张幻灯片，并单击其中的文本框，将第3张幻灯片中文本框的动画效果复制到第4张幻灯片的文本框上。

（10）按照上述方法，依次将第3张幻灯片中的文本框动画和五角星形状动画复制到第4～8张幻灯片中，然后预览幻灯片播放效果，其截图如图4-19所示。

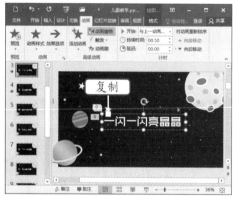

图4-18　单击"动画刷"按钮

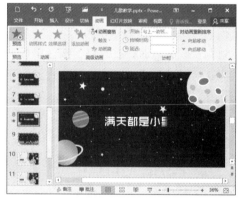

图4-19　预览动画效果截图

4. 设置流星不断坠落动画

在PowerPoint 2016中，可以为不同的动画设置重复播放。路径动画同样可以重复播放，为了使动画效果更加形象、逼真，还可以将路径动画的动画对象拖到幻灯片之外，使其从幻灯片画面外部进入，又消失于幻灯片画面之中。下面在"儿歌教学"演示文稿中设置流星不断坠落的动画，其具体操作如下。

微课：设置流星不断坠落动画

（1）选择第9张幻灯片，为所有五角星形状设置不断闪烁的动画，然后选择幻灯片右上角的流星图形，为其应用直线动画，并调整路径的方向，如图4-20所示。

（2）按照上述方法，继续为其他流星图形应用直线动画，如图4-21所示。注意，要将路径的终点拖动到幻灯片外，这样可以实现流星划过幻灯片再消失的效果。

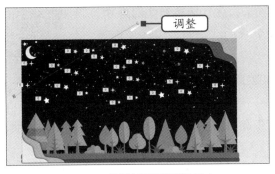

图4-20　调整流星图形直线动画

图4-21　设置其他流星图形直线动画

（3）在"动画窗格"中选择所有流星的动画，在其上右击，在弹出的快捷菜单中选择"计时"命令，在打开的对话框中将"开始"设置为"与上一动画同时"，将"重复"设置为"直到下一次单击"，单击 按钮，如图 4-22 所示。

（4）依次选择每一个流星图形的动画，在"动画"选项卡的"计时"组中将其延迟时间分别设置为 04.00、03.50、04.10、03.60、03.50，实现流星渐次划过的动画效果，其截图如图 4-23 所示。

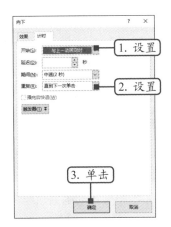

图4-22　设置动画计时

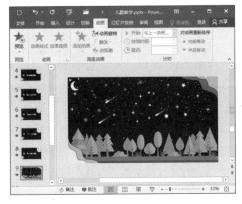

图4-23　流星渐次划过动画效果截图

提示

在"动画窗格"中，也可以调整动画的持续时间、延迟时间等。将鼠标指针移动到"动画窗格"中的滑块上，当鼠标指针变成▬形状时，按住鼠标左键不放进行拖动，可以调整该动画的延迟时间；将鼠标指针移动到滑块边缘，当鼠标指针变成▮形状时，按住鼠标左键不放进行拖动，可以调整动画的持续时间。

4.1.2　设置切换动画

在PowerPoint 2016中除了可以为对象添加动画外，还可以为幻灯片设置切换动画。切换动画指在放映幻灯片时，一张幻灯片从屏幕上消失，另一张幻灯片显示在屏幕上这一过程的动态效果。下面为"儿歌教学"演示文稿设置切换动画，其具体操作如下。

（1）选择第1张幻灯片，单击"切换"选项卡，在"切换到此幻灯片"组中单击"切换效果"按钮，在打开的下拉列表的"华丽型"栏中选择"页面卷曲"选项，如图4-24所示。

（2）为第2张幻灯片应用"页面卷曲"的切换动画，使用类似的方法为其他幻灯片应用"擦除"切换动画。单击"切换"选项卡，在"切换到此幻灯片"组中单击"效果选项"按钮，为所有"擦除"切换动画选择"自左侧"的效果选项，如图4-25所示。

微课：设置
课件切换动画

图4-24　选择切换动画

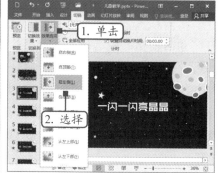

图4-25　选择切换动画效果选项

提示

在"计时"组的"声音"下拉列表中可以选择幻灯片的切换声音，单击 应用到全部 按钮，可将当前幻灯片的切换声音应用到全部幻灯片。

（3）选择第1张幻灯片，在"切换"选项卡的"计时"组中选中"设置自动换片时间"复选框，在其后的数值框中输入"00:03:00"，如图4-26所示，设置幻灯片自动换片时间。

（4）按照上述方法，依次为第2～8张幻灯片设置自动换片时间，分别为"00:08:00""00:03:00""00:03:00""00:02:00""00:02:00""00:02:00""00:02:00"，让动画播放与背景音乐的播放相对应。

（5）选择第9张幻灯片，在"切换"选项卡的"计时"组中选中"单击鼠标时"复选框，如图4-27所示，将该页幻灯片的切换方式更换为单击鼠标时切换。将第10～13张幻灯片也设置为单击鼠标时切换。

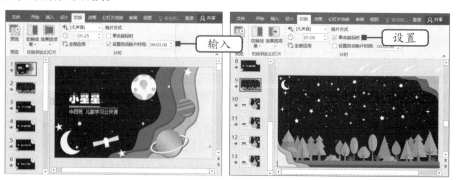

图4-26　设置切换动画自动换片时间　　　　图4-27　设置鼠标单击时切换动画

不同的切换动画，其默认的持续时间也不相同，通过"计时"组的"持续时间"数值框可手动调整切换动画的持续时间。若不需要为当前幻灯片设置切换动画，可在"切换到此幻灯片"组中的"动画样式"中选择"无"选项，便可取消切换动画。

（6）单击幻灯片左上角的★图标，依次预览每张幻灯片的动画效果。

4.1.3　创建并编辑超链接

通常情况下，幻灯片是按照默认的顺序依次放映的，除此之外，还可在演示文稿中通过创建超链接的方式，实现单击链接对象跳转到其他幻灯片的操作。下面为"儿歌教学"演示文稿创建超链接，并对其进行编辑，其具体操作如下。

微课：创建并编辑超链接

（1）选择第 10 张幻灯片，在其中选择"一闪一闪亮晶晶"文本，单击"插入"选项卡，在"链接"组中单击"超链接"按钮🌐，如图 4-28 所示。

（2）打开"编辑超链接"对话框，在其中的"链接到"列表框中选择"本文档中的位置"选项，在"请选择文档中的位置"列表框中选择"幻灯片 3"选项，然后单击 确定 按钮，如图 4-29 所示。

如果为文本添加超链接，则添加后的文本将变为蓝色，其下方也将出现下画线，此时可以在"设计"选项卡的"变体"组中单击"其他"按钮▽，在打开的下拉列表中修改超链接文本的颜色。如果为文本框添加超链接，则其中的文字不会变为蓝色，且其下方不会出现下画线。

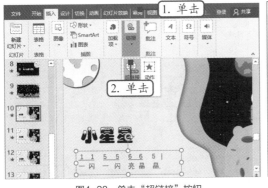

图4-28　单击"超链接"按钮

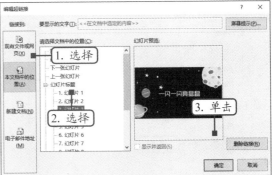

图4-29　选择链接对象

（3）选择第 11 张幻灯片中的"满天都是小星星"文本框，在其上右击，在弹出的快捷菜单中选择"超链接"命令，打开"插入超链接"对话框，在"请选择文档中的位置"列表框中选择"幻灯片 4"选项，然后单击 屏幕提示(P)... 按钮。继续为第 12 张和第 13 张幻灯片中的文本框添加超链接，并分别链接至"幻灯片 5""幻灯片 6"。

PowerPoint 2016中的超链接不仅可以链接当前演示文稿，还可以链接本地计算机中的文件或网页，在"插入超链接"对话框选择相应的选项，并进行设置即可。超链接的链接效果需要在放映状态下查看，在放映幻灯片时，将鼠标指针移动到超链接上，鼠标指针会变为🖑形状，单击鼠标左键点击超链接即可跳转到链接的幻灯片或其他对象中。

4.1.4　设置触发器

微课：设置触发器

　　触发器是PowerPoint 2016的一项功能，其作用相当于一个按钮，它可以是一个图片、文字或文本框等对象。设置好触发器后，单击它就会触发一个操作，该操作可以是播放音乐、影片或者动画等。下面在"儿歌教学"演示文稿中设置单击触发器播放音乐，其具体操作如下。

　　（1）选择第10张幻灯片，分别为该幻灯片中的两个文本框应用"浮入""缩放"进入动画，为幻灯片编辑区外的音频文件应用"播放"动画，然后在"动画窗格"中选择音频文件的动画，在其上右击，在弹出的快捷菜单中选择"计时"命令，在打开的对话框中单击 触发器(T) ▾ 按钮，如图4-30所示。

　　（2）选中"单击下列对象时启动效果"单选按钮，然后在其后的下拉列表中选择"文本框23: 小星星"选项，单击 确定 按钮，如图4-31所示，实现单击"小星星"文本框时，触发音频播放。

　　　　　使用触发器时，PowerPoint 2016会自动对其中的对象进行编号，如"文本框23"。需要注意的是，触发器本质上是触发一个动画，因而需要应用动画后，才可以启动触发器效果。

图4-30　单击"触发器"按钮

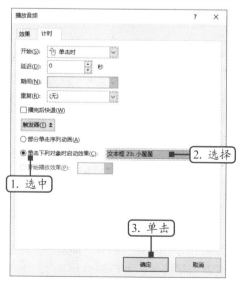

图4-31　设置触发器

（3）返回幻灯片，在状态栏中单击"幻灯片放映"按钮 ☑，此时将放映幻灯片，单击"小星星"文本框，将播放音频。

（4）按照上述方法，为第 11 ～ 13 张幻灯片中的文本框和音频应用动画，并设置触发器。设置完成后预览其效果，然后按【Ctrl+S】组合键保存演示文稿（配套资源：\效果文件\第 4 章\儿歌教学.pptx）。

4.2 放映"儿歌教学"课件

制作课件的最终目的是将课件中的幻灯片都放映出来，让幼儿能够动态地认识和了解其中的内容。本节将通过放映前文制作的"儿歌教学"演示文稿来具体讲解在 PowerPoint 2016 中放映课件的相关操作，课件参考效果如图 4-32 所示。

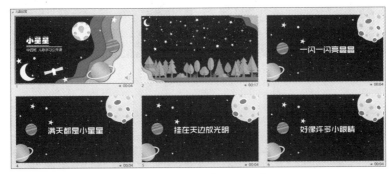

图 4-32 "儿歌教学"课件参考效果

4.2.1 直接放映

直接放映是放映演示文稿时常用的放映方式。PowerPoint 2016 提供了从头开始放映和从当前幻灯片开始放映两种放映方式。

1. 从头开始放映

从头开始放映即从第 1 张幻灯片开始，依次放映每张幻灯片。其操作方法主要有以下 3 种。

● 在"幻灯片"窗格中选择第 1 张幻灯片，在状态栏中单击"幻灯片放映"按钮 ☑，即可从头开始放映幻灯片。

● 选择任意一张幻灯片，单击"幻灯片放映"选项卡，在"开始放映幻灯片"组中单击"从头开始"按钮 ☑，即可从头开始放映幻灯片，如图 4-33 所示。

● 直接按【F5】键，也可从头开始放映幻灯片。

图 4-33 从头开始放映幻灯片

2. 从当前幻灯片开始放映

在某些特定环境下，可能只需要从演示文稿中的某张幻灯片开始放映，此时可通过以下两种方法来实现。

● 在"幻灯片"窗格中选择某张幻灯片，在状态栏中单击"幻灯片放映"按钮<kbd>早</kbd>，即可从当前幻灯片开始放映。

● 选择某张幻灯片，单击"幻灯片放映"选项卡，在"开始放映幻灯片"组中单击"从当前幻灯片开始"按钮<kbd>早</kbd>，即可从当前幻灯片开始放映，如图4-34所示。

图4-34　从当前幻灯片开始放映

4.2.2　设置自定义放映

在放映幻灯片时，有时可能只需放映演示文稿中的一部分幻灯片，这时可通过自定义放映幻灯片来实现。下面为"儿歌教学"演示文稿设置自定义放映，其具体操作如下。

微课：自定义
放映

（1）打开"儿歌教学（放映）"演示文稿【配套资源：\素材文件\第4章\儿歌教学（放映）.pptx】，单击"幻灯片放映"选项卡，在"开始放映幻灯片"组中单击"自定义幻灯片放映"按钮<kbd>早</kbd>，在打开的下拉列表中选择"自定义放映"选项，如图4-35所示。

（2）打开"自定义放映"对话框，单击<kbd>新建(N)...</kbd>按钮，打开"定义自定义放映"对话框，在"幻灯片放映名称"文本框中输入自定义放映的名称。

（3）在"在演示文稿中的幻灯片"列表框中，选中第1张幻灯片，单击<kbd>添加(A)</kbd>按钮，将幻灯片添加到"在自定义放映中的幻灯片"列表框中。

（4）按顺序依次选择想要放映的幻灯片，并单击<kbd>添加(A)</kbd>按钮将其添加到"在自定义放映中的幻灯片"列表框中，单击<kbd>确定</kbd>按钮，如图4-36所示。

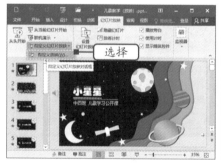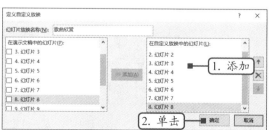

图4-35　选择"自定义放映"选项　　　　图4-36　自定义放映

提示 在打开的"定义自定义放映"对话框中，用户可根据需要对添加的幻灯片进行调整。方法是：在"在自定义放映中的幻灯片"列表框中选择需要调整的幻灯片，单击右侧的 ↑向上(U) 按钮，可以将所选幻灯片向上移动一个位置；单击 ↓向下(D) 按钮，可以将所选的幻灯片向下移动一个位置；单击 ✕删除(R) 按钮，可以删除所选幻灯片。

（5）返回"自定义放映"对话框，"自定义放映"列表框中会显示新建的自定义放映的名称。

（6）选择自定义放映的名称，单击 放映(S) 按钮，如图 4-37 所示，播放自定义顺序的幻灯片。

图4-37　播放自定义顺序的幻灯片

提示 在"自定义放映"对话框中单击 关闭(C) 按钮，关闭"自定义放映"对话框，返回演示文稿的普通视图中，在"开始放映幻灯片"组中单击"自定义幻灯片放映"按钮，在打开的下拉列表中选择设置好的自定义放映的名称，也可以播放自定义顺序的幻灯片。

4.2.3　设置放映方式

设置放映方式主要包括设置放映类型、放映的幻灯片的数量、放映选项和换片方式等。单击"幻灯片放映"选项卡，在"设置"组中单击"设置幻灯片放映"按钮，在打开的"设置放映方式"对话框中进行设置，如图4-38所示。

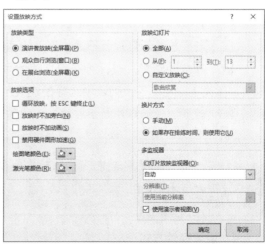

图4-38　设置放映方式

1. 设置放映类型

在"设置放映方式"对话框的"放映类型"栏中选中某单选按钮，可设置对应的幻灯片的放映类型，包括"演讲者放映(全屏幕)""观众自行浏览(窗口)""在展台浏览(全屏幕)"3种放映类型，其介绍如下。

（1）演讲者放映(全屏幕)。这是一种便于演讲者演讲的放映类型，也是常用的全屏幻灯片放映类型。使用该类型，演讲者对幻灯片具有完全控制权，可以手动切换幻灯片和动画，还可以使用排练时间放映幻灯片。

（2）观众自行浏览(窗口)。这种类型将以窗口形式放映演示文稿，在放映过程中可利用滚动条、【PageDown】键、【PageUp】键切换放映的幻灯片，但不能通过单击鼠标切换。

（3）在展台浏览(全屏幕)。这种类型将以全屏模式放映幻灯片，并且循环放映。使用这种类型，不能通过单击鼠标手动放映幻灯片，但可以通过单击超链接和动作按钮来切换幻灯片，而终止放映只能使用【Esc】键。通常，这种类型用于无人管理幻灯片放映的展览会场或会议等场合中。

2. 设置放映的幻灯片的数量

在"设置放映方式"对话框的"放映幻灯片"栏内可设置放映的幻灯片的数量，有如下选择。

（1）放映全部幻灯片。选中"全部"单选按钮，将依次放映演示文稿中所有的幻灯片。

（2）放映一组幻灯片。选中"从"单选按钮，在其右侧的数值框中输入开始和结束幻灯片的页数，将依次放映所选的一组幻灯片。

（3）自定义放映。选中"自定义放映"单选按钮，在其下方的下拉列表框中选择设置好的自定义放映，即可按自定义的设置放映幻灯片。

3. 设置放映选项

通过"设置放映方式"对话框的"放映选项"栏内的选项可设置幻灯片放映时的循环方式、旁白、动画和绘图笔等。

（1）若要循环放映幻灯片，可选中"循环放映,按ESC键终止"复选框。

（2）若要放映幻灯片而不播放嵌入的旁白，可选中"放映时不加旁白"复选框。

（3）若要放映幻灯片而不播放嵌入的动画，可选中"放映时不加动画"复选框。

（4）在放映幻灯片时，可在幻灯片上写字。若要指定墨迹颜色，可在"绘图笔颜色"或者"激光笔颜色"下拉列表中选择墨迹颜色。

（5）若要放映幻灯片而不放映嵌入的图片，可选中"禁用硬件图形加速"复选框。

提示　"绘图笔颜色"下拉列表只有在选中"演讲者放映（全屏幕）"单选按钮后才可使用。

4. 设置换片方式

在"设置放映方式"对话框的"换片方式"栏中可设置幻灯片的切换方式。

（1）若要在演示过程中手动前进到每张幻灯片，可选中"手动"单选按钮。

（2）若要在演示过程中使用幻灯片排练时间自动前进到每张幻灯片，可选中"如果存在排练时间,则使用它"单选按钮。

在"设置放映方式"对话框的"多监视器"栏中可以设置播放器，当计算机连接了两个及以上的显示器时，在"幻灯片放映监视器"下拉列表中选择一个显示器对应的选项，即可在该显示器中放映幻灯片。

4.2.4 隐藏和显示幻灯片

放映幻灯片时，系统将自动按设置的放映方式依次放映每张幻灯片，但在实际放映过程中，可以将暂时不需要的幻灯片隐藏起来，等到需要时再将其显示出来。下面在"儿歌教学（放映）"演示文稿中隐藏幻灯片，其具体操作如下。

微课：隐藏和
显示幻灯片

（1）选择第 10 张幻灯片，然后单击"幻灯片放映"选项卡，在"设置"组中单击"隐藏幻灯片"按钮，隐藏幻灯片，如图 4-39 所示。

（2）此时在"幻灯片"窗格中，该幻灯片缩略图将淡化显示，其编号上将显示图标，如图 4-40 所示。

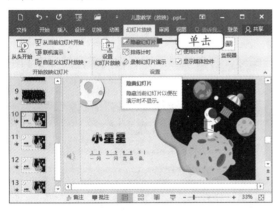

图4-39 隐藏幻灯片

图4-40 隐藏后的效果

隐藏幻灯片后，该幻灯片仍保留在演示文稿中，只是在放映幻灯片时是隐藏状态。如果要显示隐藏的幻灯片，可选择需要显示的幻灯片，单击"隐藏幻灯片"按钮即可。也可以在放映幻灯片时，单击鼠标右键，在弹出的快捷菜单中选择"查看所有幻灯片"命令，再在屏幕中选择需要显示的幻灯片，将隐藏的幻灯片显示出来。

4.2.5 录制旁白

若无人放映演示文稿，可通过录制旁白的方法事先录制好演讲者的演说词。下面在"儿歌教学（放映）"演示文稿中为第1张幻灯片录制旁白，其具体操作如下。

微课：录制
旁白

（1）选择第1张幻灯片，单击"幻灯片放映"选项卡，在"设置"组中单击"录制幻灯片演示"按钮🖥️旁边的下拉按钮▾，在打开的下拉列表中选择"从当前幻灯片开始录制"选项，如图4-41所示。

（2）在打开的"录制幻灯片演示"对话框中取消选中"幻灯片和动画计时"复选框，单击 开始录制(R) 按钮，如图4-42所示。

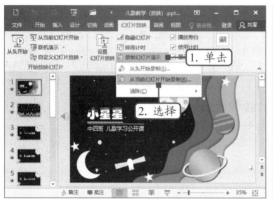 

图4-41　选择"从当前幻灯片开始录制"选项　　　　图4-42　选择要录制的内容

（3）进入幻灯片放映状态后开始录制旁白，同时会在幻灯片中显示"录制"工具栏，录制完成后按【Esc】键退出幻灯片放映状态，此时可在该幻灯片中看到添加的录制旁白的声音图标🔊，如图4-43所示。

（4）在演示文稿的普通视图中，单击该声音图标，将自动显示声音控制条，然后在其中单击"播放"按钮▶，可预览旁白，如图4-44所示。

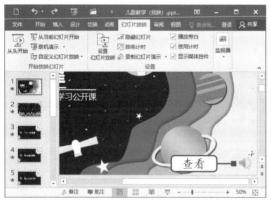 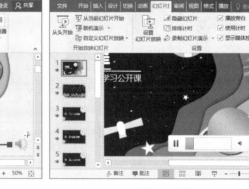

图4-43　声音图标　　　　　　　　　　　　图4-44　预览旁白

提示　　　　计算机必须安装声卡和话筒才能够录音，录制旁白前还需检查话筒，以保证其能正常使用。

4.2.6　设置排练计时

为了更好地掌握幻灯片的放映情况，用户可通过设置排练计时来计算放映整个演示文稿

和放映每张幻灯片所需的时间，以便在放映演示文稿时更准确地控制放映节
奏，或者实现演示文稿的自动放映。下面在"儿歌教学（放映）"演示文稿
中设置排练计时，其具体操作如下。

（1）单击"幻灯片放映"选项卡，在"设置"组中单击"排练计时"按
钮，进入放映排练状态，同时打开"录制"工具栏并自动为该幻灯片计时，
如图 4-45 所示。

（2）通过单击鼠标左键或按【Enter】键，控制幻灯片中下一个动画或下一张幻灯片出
现的时间。切换到下一张幻灯片时，"录制"工具栏将从头开始为该张幻灯片的放映进行计
时，如图 4-46 所示。

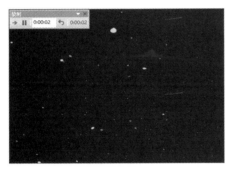

图4-45　设置排练计时

图4-46　继续设置排练计时

提
示

在"录制"工具栏中单击 ‖ 按钮可暂停排练计时；单击 → 按钮可设置下
一个放映对象的计时；单击 ↺ 按钮可重新设置当前幻灯片的计时。

（3）设置好每张幻灯片的排练计时后，在打开的提示对话框中将提示排练计时时间，并
询问是否保留幻灯片的排练时间，单击 是(Y) 按钮进行保存。

（4）在状态栏中单击"幻灯片浏览"按钮，进入幻灯片浏览视图，每张幻灯片的右
下角将显示幻灯片播放所需时间，如图 4-47 所示。

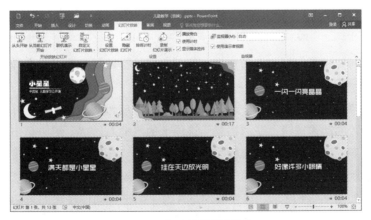

图4-47　显示设置的排练计时

提示　　　　用户若需要对排练计时进行重新设置，可再次在"幻灯片放映"选项卡的"设置"组中单击"排练计时"按钮，然后按照上面介绍的方法对排练计时进行重新设置。需要注意的是，无论设置多少次排练计时，PowerPoint 2016只会保留最后一次设置的排练计时。

4.2.7　通过动作按钮控制放映过程

如果在幻灯片中插入了动作按钮，在放映幻灯片时，单击动作按钮可切换幻灯片或启动一个应用程序，也可以用动作按钮控制幻灯片的放映。PowerPoint 2016的动作按钮主要是通过插入形状的方式插入幻灯片的。下面在"儿歌教学（放映）"演示文稿中插入动作按钮来控制放映过程，其具体操作如下。

微课：通过动作按钮控制放映过程

（1）选择第10张幻灯片，在"插入"选项卡的"插图"组中单击"形状"按钮，在打开的下拉列表的"动作按钮"栏中选择图4-48所示的动作按钮。

（2）此时鼠标指针变为+形状，在幻灯片中拖动鼠标绘制动作按钮，同时PowerPoint 2016会打开"操作设置"对话框，选中"超链接到"单选按钮，再在其下方的下拉列表中选择"幻灯片"选项，如图4-49所示。

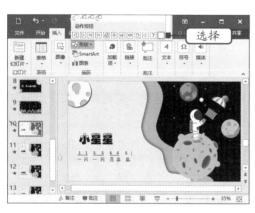

图4-48　选择动作按钮

图4-49　选择链接对象

（3）打开"超链接到幻灯片"对话框，在"幻灯片标题"列表框中选择需要链接到的幻灯片，然后单击 确定 按钮，如图4-50所示。

（4）返回"操作设置"对话框，单击 确定 按钮完成超链接的创建，并返回到幻灯片编辑窗口。选择插入的动作按钮，在"格式"选项卡的"插入形状"组中单击"编辑形状"按钮，在打开的下拉列表的"更改形状"子列表中选择"五角星"选项，将动作按钮的形状更改成五角星形状，在"格式"选项卡的"形状样式"组中还可以更改形状的填充颜色、形状轮廓等，效果如图4-51所示。当放映幻灯片时，单击该动作按钮即可切换到链接的幻灯片中。

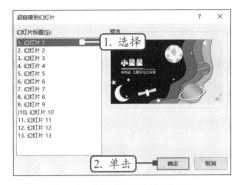

图4-50　选择需要链接到的幻灯片

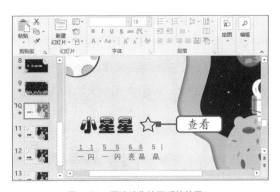

图4-51　更改动作按钮后的效果

提示

如果动作按钮链接的对象是下一张幻灯片、上一张幻灯片、第一张幻灯片或最后一张幻灯片，可直接在"操作设置"对话框的"超链接到"下拉列表中选择"下一张幻灯片""上一张幻灯片""第一张幻灯片"或"最后一张幻灯片"选项。若在设置动作按钮时，选中"操作设置"对话框中的"运行程序"单选按钮，在放映过程中单击该按钮会启动其他程序，另外还可在该对话框中进行播放声音的设置。

4.2.8　快速定位幻灯片

在幻灯片放映过程中，通过一些技巧，可以快速、准确地将播放画面切换到指定的幻灯片中，达到精准定位幻灯片的效果。其方法为：在播放幻灯片的过程中，右击，在弹出的快捷菜单中选择"查看所有的幻灯片"命令，打开图4-52所示的界面，在其中选择需要放映的幻灯片即可切换到选定的幻灯片。

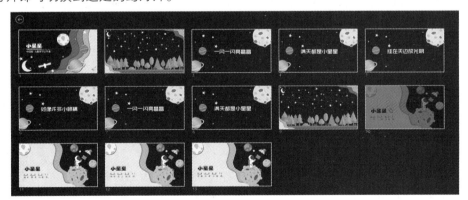

图4-52　快速定位幻灯片选择界面

4.2.9　添加幻灯片注释

为幻灯片添加注释是指在播放幻灯片时，演讲者在屏幕中勾画重点或添加注释，使幻灯片中的重点内容可以更加明显地展现给观众。为幻灯片添加注释的操作主要是通过使用系统提供的绘图笔来实现的。下面在"儿歌教学（放映）"演示文稿中添加幻灯片注释，其具体操作如下。

微课：添加幻灯片注释

（1）放映幻灯片时右击幻灯片，在弹出的快捷菜单中选择"指针选项"中的"笔"或"荧光笔"命令，鼠标指针将变为绘图笔形状，如图4-53所示。

（2）返回到正在放映的幻灯片中，用绘图笔在需要画线或标注的地方按住鼠标左键拖动为幻灯片添加注释，如图4-54所示。

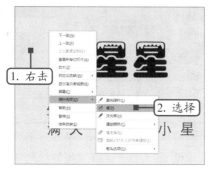
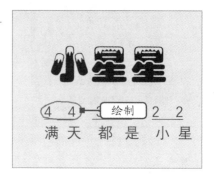

图4-53　选择笔型　　　　　　　　　图4-54　添加注释

提示

荧光笔的墨迹比笔的墨迹更宽一些，一般作为底纹使用。系统默认的笔的颜色为红色、荧光笔的颜色为黄色，用户也可根据需要更改这两种笔的颜色。其方法是：在放映幻灯片时，右击幻灯片，在弹出的快捷菜单中，在"指针选项"中的"墨迹颜色"中选择注释的颜色。

（3）按【Esc】键退出放映状态，打开提示对话框，提示是否保留注释，在其中单击 保留(K) 按钮，可将注释保存到幻灯片中。

提示

在提示对话框中单击 放弃(D) 按钮，可清除所有的注释，恢复幻灯片的最初面貌。若只需要清除某一些注释，则需要在放映过程中，选择需要清除注释的幻灯片，右击，在弹出的快捷菜单中选择"指针选项"中的"擦除幻灯片上的所有墨迹"命令，可删除当前幻灯片中的所有注释；若选择"橡皮擦"命令，鼠标指针将变为橡皮擦形状，此时在需要清除注释处单击即可清除该注释。

4.2.10　为幻灯片分节

如果演示文稿中的内容较多，可以根据内容性质的不同为幻灯片分节，从而更好地区分幻灯片内容。下面为"儿歌教学（放映）"演示文稿分节，其具体操作如下。

微课：为幻灯片分节

（1）选择第1～9张幻灯片，在"开始"选项卡的"幻灯片"组中单击 节· 按钮，在打开的下拉列表中选择"新增节"选项，如图4-55所示，新增一个无标题节。

（2）在"无标题节"上右击，在弹出的快捷菜单中选择"重命名节"命令，打开"重命名节"对话框，在"节名称"文本框中输入"儿歌欣赏"文本，单击 重命名(R) 按钮，如图4-56所示。

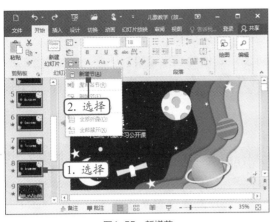

图4-55　新增节

图4-56　重命名节

（3）选择第 10 ～ 13 张幻灯片，使用相同的方法对其分节，将"节名称"设置为"儿歌教学"。

（4）此时可看到在第 1 张幻灯片之前，以及第 9 张和第 10 张幻灯片之间，均显示相应的节名称，如图 4-57 所示。选择相应的节名称，可同时选择该节名称下的所有幻灯片。按【Ctrl+S】组合键保存演示文稿［配套资源：\效果文件\第 4 章\儿歌教学（放映）.pptx］。

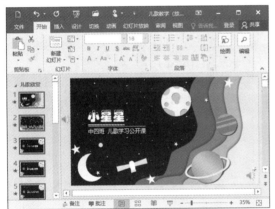

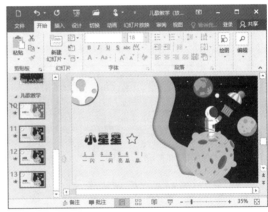

图4-57　节名称

提示

在节名称上右击，在弹出的快捷菜单中选择"删除节"命令可删除选择的节；选择"删除所有节"命令可删除演示文稿中的所有节。另外，双击节名称可将节中的幻灯片折叠，再次双击可将其展开。

4.2.11　提高幻灯片的放映性能的方法

在放映幻灯片时，如发现幻灯片反应速度慢，可通过提高幻灯片的放映性能来提高其反应速度。提高幻灯片的放映性能的主要方法是设置演示文稿放映时的分辨率。其方法为：在"幻灯片放映"选项卡的"监视器"组中的"监视器"下拉列表中选择"主监视器"选项，通常默认的分辨率都是"自动"。

还可以利用以下4种方法提高幻灯片的放映性能。

（1）缩小图片和文本的尺寸。

（2）减少同步动画数目，尝试将同步动画更改为序列动画。

（3）尽量少用渐变、旋转或缩放等动画，可使用其他动画来替换。

（4）减少按字母和按字动画的数目。例如，只在幻灯片标题中使用这些动画，而不将其应用到每个项目符号上。

4.2.12　远程放映课件

随着计算机网络的普及，PowerPoint 2016制作的课件不但能够现场演示，还可以通过网络进行远程播放，只要计算机联网，即使对方计算机没有安装PowerPoint 2016也可以放映课件。下面就讲解通过网络远程放映课件的具体操作。

微课：远程放映课件

（1）打开制作好的课件，在"幻灯片放映"选项卡的"开始放映幻灯片"组中单击"联机演示"按钮。

（2）打开"联机演示"对话框，单击 连接(C) 按钮，如图4-58所示。

（3）PowerPoint 2016将连接到Office Presentation Service，并显示连接进度，如图4-59所示。

图4-58　启动联机演示

图4-59　连接到Office Presentation Service

（4）联机演示准备完毕后，将打开一个含有链接地址的对话框，单击"复制链接"超链接，如图4-60所示，将其通过QQ或者Windows Live等软件发送给对方。

（5）对方获得这个链接地址后，在浏览器中打开该链接，等待课件放映，用户只需要在"联机演示"对话框中单击 开始演示(S) 按钮，就可以开始课件的远程放映，对方可以同步看到放映的幻灯片。

（6）在放映过程中按【Esc】键退出演示，回到PowerPoint 2016操作界面中，在"联机演示"选项卡的"联机演示"组中单击"结束联机演示"按钮，将打开图4-61所示的对话框，在对话框中单击 结束联机演示(E) 按钮，将退出远程课件放映。

图4-60　复制链接　　　　　　　　　　图4-61　结束联机演示

4.3 输出"儿歌教学"课件

课件制作完成后，可以将其打包、发布或者打印出来等，让制作出来的课件不仅能直接在计算机中展示，还可以方便其他用户在不同地点或环境中使用和浏览。本节将通过输出"儿歌教学"演示文稿来具体讲解在PowerPoint 2016中输出幻灯片的相关操作。

4.3.1 打包幻灯片

课件制作好后，并不一定在本机中放映，有时需要发送到其他计算机中放映，这时就需要进行打包操作，如打包成CD、复制到文件夹等。这里主要介绍复制到文件夹的方法，其具体操作如下。

微课：打包幻灯片

（1）打开"儿歌教学"演示文稿（配套资源：\素材文件\第4章\儿歌教学.pptx），单击"文件"选项卡，在打开界面的左侧选择"导出"命令，在中间列表的"导出"栏中选择"将演示文稿打包成CD"选项，在右侧的"将演示文稿打包成CD"栏中单击"打包成CD"按钮 。

（2）打开"打包成CD"对话框，单击 复制到文件夹(F)... 按钮，如图4-62所示。

（3）打开"复制到文件夹"对话框，在"文件夹名称"文本框中输入文件夹的名称，在"位置"文本框中设置文件夹的位置，单击 确定 按钮，如图4-63所示，将演示文稿打包到一个文件夹中。

图4-62　单击"复制到文件夹"按钮　　图4-63　"复制到文件夹"对话框设置

（4）此时，PowerPoint 2016将开始自动复制演示文稿到文件夹，并弹出相应的提示框提示是否复制相关超链接和相关的注释，单击 是(Y) 按钮进行确认，稍等片刻后，将打开复制的文件夹，返回"打包成CD"对话框，单击 关闭(C) 按钮。

4.3.2　输出演示文稿

制作完成后的演示文稿可以转换为其他文件类型，以便使用，如将演示文稿转换为视频，将演示文稿发布为PDF文档，将演示文稿保存为图片。

1. 将演示文稿转换为视频

若要在没有安装PowerPoint的计算机中放映演示文稿，可将演示文稿转换为视频放映。下面将"儿歌教学"演示文稿转换为视频，其具体操作如下。

微课：将演示
文稿转换为
视频

（1）打开"儿歌教学"演示文稿，单击"文件"选项卡，在打开界面的左侧选择"导出"命令，在中间列表的"导出"栏中选择"创建视频"选项。

（2）在右侧"创建视频"栏中的"全高清（1080P）"下拉列表中设置演示文稿显示的性能和分辨率，在"不要使用录制的计时和旁白"下拉列表中设置计时和旁白，在"放映每张幻灯片的秒数"数值框中设置每张幻灯片的播放时间，然后选择"创建视频"选项🎬，如图4-64所示。

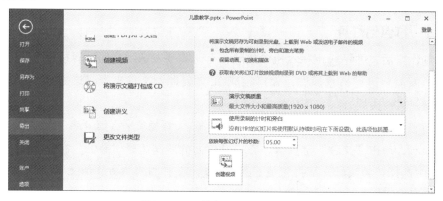

图4-64　设置将演示文稿转换为视频

（3）打开"另存为"对话框，在地址栏中选择保存位置，单击 保存(S) 按钮，即可将演示文稿转换为视频，如图4-65所示。

（4）完成转换后，在保存的文件夹中双击创建的视频文件（默认格式为WMV，配套资源\效果文件\第4章\儿歌教学.mp4），即可使用默认的播放器进行播放。视频播放截图如图4-66所示。

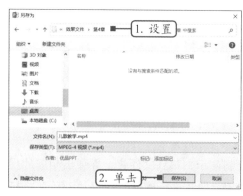

图4-65　设置视频保存位置并保存

图4-66　视频播放截图

2. 将演示文稿发布为PDF文档

使用PowerPoint 2016制作的课件，可以直接发布为PDF文档。下面将"儿歌教学"演示文稿发布为PDF文档，其具体操作如下。

（1）打开"儿歌教学"演示文稿，单击"文件"选项卡，在打开界面的左侧选择"导出"命令，在中间列表的"导出"栏中选择"创建 PDF/XPS 文档"选项，在右侧的"创建 PDF/XPS 文档"栏中选择"创建 PDF/XPS"选项 。

（2）打开"发布为 PDF 或 XPS"对话框，在地址栏中设置保存位置，在"保存类型"的下拉列表中选择"PDF(*.pdf)"选项，单击 选项(O)... 按钮，如图 4-67 所示。

（3）打开"选项"对话框，在其中设置选项的各种参数，包括范围、包括非打印信息、PDF 选项等，单击 确定 按钮，如图 4-68 所示。

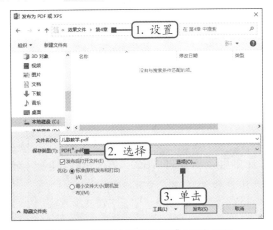

图4-67　"发布为PDF或XPS"对话框设置

图4-68　设置选项的各种参数

（4）返回"发布为 PDF 或 XPS"对话框，单击 发布(S) 按钮，发布完成后将自动打开发布的 PDF 文档（配套资源：\效果文件\第 4 章\儿歌教学 .pdf）。

> PDF是目前很流行的便携文件类型，用PDF制作的电子书具有纸版书的视觉效果和阅读效果，可以逼真地展现纸版书的原貌，并且显示大小可调节，为读者提供了个性化的阅读方式。

3. 将演示文稿保存为图片

在PowerPoint 2016中可将演示文稿保存为图片，保存为图片后，在未安装PowerPoint 2016的计算机中也可查看演示文稿中的各张幻灯片。下面将"儿歌教学"演示文稿保存为图片，其具体操作如下。

（1）打开演示文稿，单击"文件"选项卡，在打开界面的左侧选择"另存为"命令，在中间列表的"另存为"栏中选择"浏览"选项。

（2）打开"另存为"对话框，在地址栏中设置保存位置，在"文件名"文本框中输入名称，在"保存类型"下拉列表中选择"JPEG 文件交换格式 (*.jpg)"选项，单击 保存(S) 按钮，如图 4-69 所示。

微课：将演示文稿发布为 PDF 文档

微课：将演示文稿保存为图片

（3）打开的对话框中将提示用户导出当前幻灯片还是所有幻灯片，单击 所有幻灯片(A) 按钮，PowerPoint 2016 将把所有幻灯片保存为图片。

（4）保存完成后将打开对话框，直接单击 确定 按钮，完成图片保存，所保存的图片将存放在单独的文件夹（配套资源：\效果文件\第4章\儿歌教学\）中，如图4-70所示。

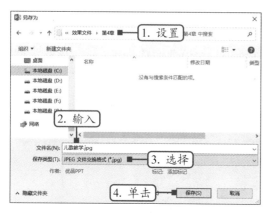

图4-69　设置保存类型等

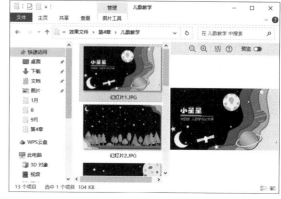

图4-70　保存的图片在单独的文件夹中

4. 将演示文稿创建为讲义

将演示文稿创建为讲义，实际上就是将其转换为Word文档，此时，演示文稿将作为Word文档在新的窗口中打开，可以像处理Word文档一样对其进行编辑、打印和保存等操作。下面将"儿歌教学"演示文稿创建为讲义，其具体操作如下。

微课：将演示文稿创建为讲义

（1）打开演示文稿，单击"文件"选项卡，在打开界面的左侧选择"导出"命令，在中间列表的"导出"栏中选择"创建讲义"选项，在右侧的"在Microsoft Word中创建讲义"栏中选择"创建讲义"选项，如图4-71所示。

（2）打开"发送到 Microsoft Word"对话框，在"Microsoft Word 使用的版式"栏和"将幻灯片添加到 Microsoft Word 文档"栏中选中所需单选按钮，单击 确定 按钮即可，如图4-72所示。

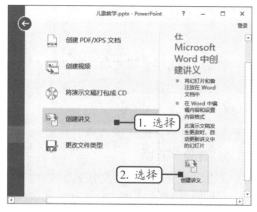

图4-71　选择"创建讲义"选项

图4-72　"发送到Microsoft Word"对话框设置

5. 将演示文稿输出为其他文件

除了前面介绍的几种输出方式外，还可以将演示文稿输出为PowerPoint 97-2003等其他版本的演示文稿。其方法为：打开演示文稿，单击"文件"选项卡，在打开界面的左侧选择"导出"命令，在中间列表的"导出"栏中选择"更改文件类型"选项，然后在右侧选择相应的选项。单击"另存为"按钮🔲，打开"另存为"对话框，在打开的对话框中设置文件的保存位置和名称，然后单击 保存(S) 按钮。

4.3.3　将演示文稿作为附件发送

除了导出幻灯片外，还可以将演示文稿作为电子邮件的附件发送，这也是共享幻灯片的一种方式。下面将"儿歌教学"演示文稿作为附件发送，其具体操作如下。

（1）打开演示文稿，单击"文件"选项卡，在打开界面的左侧选择"共享"命令，在中间列表的"共享"栏中选择"电子邮件"选项，在右侧的"电子邮件"栏中选择"作为附件发送"选项🖾，如图 4-73 所示。

（2）打开 Outlook 2016 的操作界面，在"附件"文本框中 Outlook 2016 自动将演示文稿打包，如图 4-74 所示，然后就可以利用 Outlook 2016 发送带有附件的电子邮件。

除了将演示文稿作为附件发送外，还可以将其以PDF形式、XPS形式、Internet传真形式等方式发送。其操作方法为：单击"文件"选项卡，在打开界面的左侧选择"共享"命令，在中间列表的"共享"栏中选择"电子邮件"选项，在右侧的"电子邮件"栏中选择相应的发送方式。

图4-73　选择"作为附件发送"选项

图4-74　发送带有附件的电子邮件

4.3.4　设置保护

演示文稿制作完成后，可设置权限并添加密码，防止演示文稿中的内容被修改。下面为"儿歌教学"演示文稿设置保护，其具体操作如下。

（1）打开演示文稿，单击"文件"选项卡，在打开界面的左侧选择"信息"命令，在中间列表中单击"保护演示文稿"按钮🔒，在打开的下拉列中选择"用密码进行加密"选项，如图4-75所示。

（2）打开"加密文档"对话框，在"密码"文本框中输入密码后，然后单击 确定 按钮，如图4-76所示。

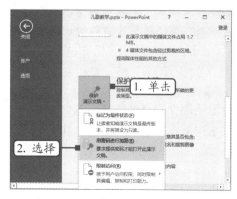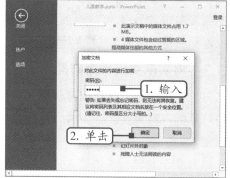

图4-75　选择"用密码进行加密"选项　　　　　　图4-76　设置密码

（3）打开"确认密码"对话框，在"重新输入密码"文本框中再次输入相同的密码，单击 确定 按钮。重新打开该演示文稿，将打开"密码"提示框，提示打开此演示文稿需要密码，在文本框中输入正确的密码后，单击 确定 按钮，才能打开该演示文稿。

> 提示　　　如果要解除对演示文稿的保护，需要先用密码打开演示文稿，使用同样的方法打开"加密文档"对话框，在"密码"文本框中删除以前设置的密码，单击 确定 按钮，然后保存演示文稿可解除保护。

4.3.5　打印幻灯片

演示型课件不仅可以进行现场演示，还可以将其打印在纸张上，作为演讲稿或分发给观众用作演讲提示等。

1. 打印参数设置

在打印幻灯片之前，需要对打印参数进行设置。了解这些参数的作用，可帮助演讲者更加快速、有目的地根据自身需要对打印参数进行设置。单击"文件"选项卡，在打开界面的左侧选择"打印"命令，可切换到打印界面，该界面主要分为"打印"栏、"打印机"栏、"设置"栏和"预览"栏4个部分，如图4-77所示。

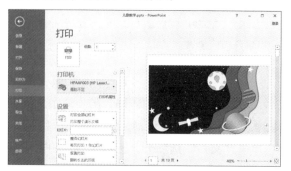

图4-77　打印界面

（1）"打印"栏。"打印"栏包括两个部分，分别是份数数值框和"打印"按钮🖶。单击"打印"按钮🖶可向打印机下达开始打印的指令。

（2）"打印机"栏。在"打印机"栏中可选择安装的打印机，单击"打印机属性"超链接，可打开相应的打印机属性对话框，在其中可设置打印机的相关属性。

（3）"设置"栏。在"设置"中可选择如何打印幻灯片，如打印其中的某几张幻灯片、在一张纸上打印几张幻灯片、打印版式、打印色彩等。

（4）"预览"栏。打印界面右侧为"预览"栏，在其中可预览幻灯片在纸张上的打印效果，通过其下的按钮和缩放比例栏可设置预览的幻灯片和幻灯片大小。

2. 打印讲义幻灯片

打印讲义幻灯片就是将一张或多张幻灯片打印在一张或几张纸张上，供演讲者或观众参考。打印讲义幻灯片的方法与打印幻灯片的方法类似，不过打印讲义更为简单，只需在PowerPoint 2016的"视图"选项卡中进行相关设置，然后设置打印参数后即可进行打印。下面介绍如何打印"儿歌教学"演示文稿的讲义幻灯片，其具体操作如下。

（1）打开演示文稿，在"视图"选项卡的"母版视图"组中单击
▦讲义母版 按钮，进入讲义母版编辑状态。

微课：打印
讲义幻灯片

（2）在"讲义母版"选项卡的"页面设置"组中单击"每页幻灯片数量"按钮▦，在打开的下拉列表中选择"3 张幻灯片"选项，如图 4-78 所示，然后在"占位符"组中设置打印时显示的选项，最后单击"关闭母版视图"按钮▨，退出讲义母版编辑状态。

（3）单击"文件"选项卡，在打开界面的左侧选择"打印"命令，在中间列表的"设置"栏中单击"整页幻灯片"按钮▢，在打开的下拉列表的"讲义"栏中选择"3 张幻灯片"选项。

（4）在打开界面右侧的预览栏中可以看到打印的效果，如图 4-79 所示，在中间列表中单击"打印"按钮🖶，即可打印讲义。

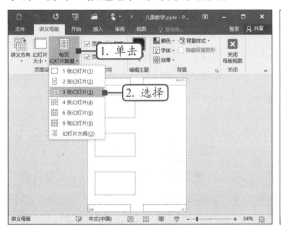

图4-78　设置每页幻灯片数量

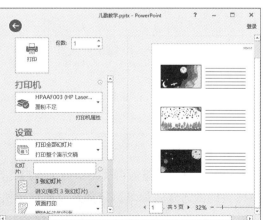

图4-79　打印效果预览

在打印讲义幻灯片时，每页幻灯片数量不同，幻灯片的排放位置也会有所不同，选择3张幻灯片时既可查看幻灯片，又可查看旁边的相关信息。

3. 打印备注幻灯片

如果幻灯片中存在大量的备注信息，且不想观众在屏幕上看到这些备注信息，可将幻灯片及其备注信息（即备注幻灯片）打印出来，只供演讲者查阅。打印备注幻灯片（即备注页）的方法与打印讲义幻灯片的方法相似，打开需要打印的演示文稿，在"视图"选项卡的"母版视图"组中单击 备注母版 按钮，进入备注母版编辑状态。在"备注母版"选项卡的"占位符"组中设置打印时显示的选项，在"页面设置"组中设置备注页的方向，设置完成后退出备注母版编辑状态，如图4-80所示。单击"文件"选项卡，在打开界面的左侧选择"打印"命令，在中间列表的"设置"栏中，单击"整页幻灯片"按钮□，在打开的下拉列表的"打印版式"栏中选择"备注页"选项，在打开界面右侧的预览栏中可以看到打印的效果，如图4-81所示，在中间列表中单击"打印"按钮🖨，即可打印备注页。

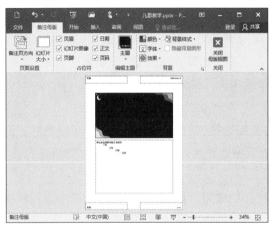

图4-80 设置备注页

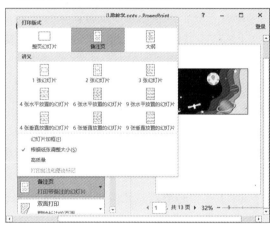

图4-81 打印效果预览

 如果幻灯片中没有备注信息，打印预览时备注文本框中将不显示任何信息。如果需要在幻灯片中输入备注信息，需要在"视图"选项卡的"演示文稿视图"组中单击"备注页"按钮🖾，在打开的备注页视图的备注文本框中输入备注信息。

4. 打印大纲

打印大纲只是将大纲视图中的文本内容打印出来，以便演讲者查看幻灯片的主要内容。打印大纲的方法较简单，只需在设置打印机属性、打印范围等参数后，单击"文件"选项卡，在打开界面的左侧选择"打印"命令，在中间列表的"设置"栏中单击"整页幻灯片"按钮□，在打开的下拉列表的"打印版式"栏中选择"大纲"选项，在打开界面右侧的预览栏中可以看到打印的效果，在中间列表中单击"打印"按钮🖨，即可打印大纲。

4.4 练习

本章主要介绍了为演示文稿设置动画、放映演示文稿、输出演示文稿等的方法。在幼儿园教学中，这些方法都非常实用，因此幼儿园教师需要好好掌握，并能够熟练运用这些方法。

1. 制作"开铺子"课件

本练习将制作"开铺子"演示文稿，首先打开提供的"开铺子.pptx"素材文件（配套资源：\素材文件\第4章\开铺子.pptx），设置幻灯片的切换动画，然后为幻灯片中的对象添加动画，最后放映该演示文稿，完成后的课件（配套资源：\效果文件\第4章\开铺子.pptx）参考效果如图4-82所示。

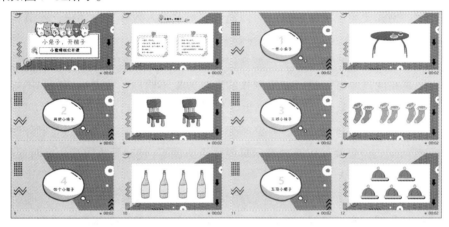

图4-82　"开铺子"幻灯片课件参考效果

2. 制作"绘本故事"课件

本练习将制作"绘本故事"演示文稿，首先打开提供的"绘本故事.pptx"素材文件（配套资源：\素材文件\第4章\绘本故事.pptx），在幻灯片中为幻灯片对象添加相应的动画，并设置动画效果，然后添加切换动画，并预览切换动画效果，最后放映幻灯片，并对其进行排练计时，完成后的课件（配套资源：\效果文件\第4章\绘本故事.pptx）参考效果如图4-83所示。

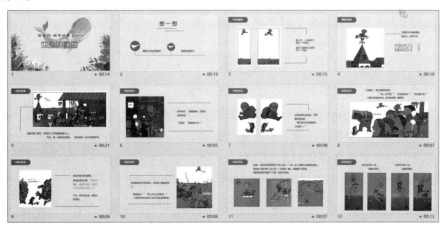

图4-83　"绘本故事"幻灯片课件参考效果

4.5 拓展知识

下面主要介绍制作课件时涉及的动画制作的技巧和动画类型，以及使用超链接的注意事项。

1. 动画制作的技巧

在PowerPoint 2016中制作动画时，要想制作出流畅、自然的动画，需掌握以下5个技巧。

（1）技巧一。需要完全掌握PowerPoint 2016中自带的所有动画样式的功能的使用方法，最好能验证所有不同动画样式的效果，了解各种动画的效果选项，以便在制作课件时能快速选用已有样式，如果这些动画样式不能直接实现所需的效果，则要考虑如何通过组合这些动画样式来实现。例如要实现字幕效果，可以通过"更改进入效果"对话框，在其中选择"字幕式"的动画方式来实现。

（2）技巧二。制作的动画效果一定要突出和醒目，这样才能吸引幼儿的注意力。当教室空间大，投影幕布的尺寸有限时，如果制作的动画效果不明显，或者持续时间不够长，幼儿可能看不到，或者难以注意到，那么动画也就失去了强调和引起注意的作用。

（3）技巧三。无论是什么动画，都必须遵循事物本身的运动规律，因此制作时要考虑对象的先后顺序、大小、位置关系以及与演示环境是否协调等，使动画效果符合客观规律。例如，由远到近时对象会从小到大。

（4）技巧四。幻灯片动画的节奏应该较快，最好不用节奏缓慢的动画。同时，一个精彩的动画往往是具有一定规模的创意动画，因此制作前先设计好动画的框架与创意，再逐步制作。

（5）技巧五。根据演示场合制作合适的动画，例如，理科课件通常需要给人比较严谨的感觉，因此最好不要使用过多的修饰动画，动画以简洁、高效为宜。

2. 动画类型

PowerPoint 2016动画实际上是一个个应用于对象上的效果，而每个效果是由一个或多个动作组合而成的。归纳起来，PowerPoint 2016动画主要有以下几种。

（1）颜色动画：用于改变对象的颜色。

（2）旋转动画：可以将对象旋转指定角度。

（3）缩放动画：可将对象放大或缩小。

（4）设置动画：可设置对象的某个属性值。

（5）属性动画：可对对象的属性值进行复杂设置。

（6）滤镜动画：指PowerPoint 2016内置的滤镜效果。

（7）路径动画：指对象沿指定的轨迹进行运动。

（8）命令动画：指设置媒体对象的动画。

每个动作都提供属性，不同的属性会产生不同的动画类型。因此，可以把PowerPoint 2016动画分为From/To/By 动画、关键帧（或动画点）动画和滤镜动画3种类型。

（1）From/To/By 动画。这是一种在起始值和结束值之间进行动画处理的类型。若要指定起始值，则设置动画的 From 属性；若要指定结束值，则设置动画的 To 属性；若要指定相对于起始值的结束值，则设置动画的 By 属性（而不是 To 属性）。例如，PowerPoint 2016自带的颜色动画、旋转动画、缩放动画和路径动画就属于这种类型。

（2）关键帧动画。关键帧动画的功能比 From/To/By 动画的功能更强大，因为它可以指定任意多个目标值，甚至可以控制这些目标值的插值方法。例如，PowerPoint 2016 自带的随机线条和弹跳动画就属于这种类型。

（3）滤镜动画。例如，PowerPoint 2016 自带的强调动画就属于这种类型。

3. 使用超链接的注意事项

使用超链接能够轻松实现对篇幅较大的课件的精确定位，也能在多个对象间轻松切换，所以超链接在课件中的应用非常广泛。使用超链接时，需要注意以下4点。

（1）超链接是否有效。要确保超链接有效，能跳转到设置的位置。在创建好超链接后，应该做好检验工作，确保万无一失。

（2）链接的网页是否能正常打开。通过超链接链接到网页时，应该考虑网速问题，并测试该网页是否能正常打开，防止在放映课件时因网速不佳打不开网页或网页根本不存在等情况发生。

（3）PowerPoint 版本是否正确。使用 PowerPoint 2016 制作的课件，使用 PowerPoint 2003 可能无法放映，因此在创建超链接时应检查 PowerPoint 版本是否正确，防止放映时因为版本不同而无法打开的情况发生。

（4）视频播放器是否已安装。当有超链接链接到视频时，根据视频的格式，要提前准备好与之对应的视频播放器，防止放映时视频无法打开的情况发生。

第 5 章
Flash 动画型课件制作

Flash 动画型课件主要用于教师利用简单的动画来表达一些简单的故事情节，以让幼儿能够轻易地明白教师所要表达的事物或知识，促进幼儿听、说、读、写能力的发展及其想象力水平的提高。本章通过 4 个具体案例讲解在 Flash CS6 中制作动画和发布动画的相关知识。

学习目标

● 制作动画背景。

● 制作"跳舞的小熊"动画。

● 布置"舞蹈课件"场景。

● 制作"舞蹈课件"动画。

素养目标

● 培育幼儿的文化素养和审美情趣。

● 传递积极向上的能量，勤于思考、认真实践，实现"技艺融合"。

5.1 制作动画背景

Flash 是美国 Adobe 公司推出的一款专业二维动画制作软件，它以简单易学、效果流畅、画面风格生动且多变的特点，赢得了广大动画爱好者的青睐。本节将通过制作一个动画背景来具体讲解在 Flash CS6 中新建并保存 Flash 文件、导入素材文件并进行编辑等的方法，动画背景参考效果如图 5-1 所示。

图 5-1 动画背景参考效果

5.1.1 Flash 概述

在幼儿园多媒体教学课件设计中，为什么要使用 Flash 来制作动画呢？在学习使用 Flash 制作动画前，先简单了解 Flash 动画和动画制作过程的相关知识。

1. Flash 动画简介

Flash 动画是目前网络上非常流行的一种交互式动画，这种格式的动画必须使用 Adobe 公司开发的 Flash Player 播放器才能正常观看。Flash 动画之所以受到广大动画爱好者的喜爱，主要有以下 5 个方面的原因。

（1）Flash 动画一般由矢量图制作而成，无论将其放大多少倍都不会失真，且动画文件较小，利于传播，因此无论在计算机还是手机等设备上播放 Flash 动画，都可以获得非常好的画质与动画体验效果。

（2）Flash 动画具有交互性，即用户可以通过单击、选择、输入或按键等方式与 Flash 动画进行交互，从而控制动画的运行过程与结果。这一点是传统动画无法比拟的，这也是很多游戏开发者甚至很多网站使用 Flash 进行动画制作的原因。

（3）Flash 动画的制作成本低，使用 Flash 制作动画能够大大减少人力、物力的消耗，同时节省制作时间。

（4）Flash 动画采用先进的"流"式播放技术，用户可以边下载边观看，完全适应当前网络的现状。另外，在 Flash 的 ActionScript 脚本（简写为 AS）中加入等待程序，可使动画在下载完毕后再观看，从而解决 Flash 动画下载速度慢的问题。

（5）Flash 支持多种文件格式的导入与导出。除了可以导入图片外，Flash 还可以导入视频、声音等。可导入的图片及视频格式非常多，包括 JPG、PNG、GIF、AI、PSD、DXF 等格式，其中导入 AI、PSD 等格式的图片时，还可以保留矢量元素及图层信息。另外，Flash 的导出功能也非常强大，不仅可以导出 SWF 动画格式，还可以导出 AVI、GIF、

HTML、MOV、EXE 等多种文件格式。通过 Flash 的导出功能，可以将 Flash 动画导出为多种格式，用于多种用途，例如导出为 SWF 及 HTML 格式，再将其放到互联网上，其他用户就可以通过网络观看 Flash 动画，或将 Flash 动画导出为 GIF 动画格式，然后将其发送到 QQ 群或微信群中，这样，好友们就可以查看动画效果了（QQ 群和微信群是不直接支持播放 Flash 动画的，需要下载后才能观看）。

2. 动画制作过程

在制作一个出色的动画前，需要对该动画的每一个画面进行精心策划，然后根据策划一步一步完成动画。制作 Flash 动画的过程一般可分为以下 6 步。

（1）前期策划。在制作动画之前，首先应明确制作动画的目的、所要服务的顾客群、动画的风格与色调等，然后根据顾客的需求制作一套完整的设计方案，并对动画中出现的人物、背景、音乐及动画剧情的设计等要素进行具体安排，以便搜集素材。

（2）搜集素材。在搜集素材时，要有针对性地对具体素材进行搜集，避免盲目地搜集一大堆素材。完成素材的搜集后，可以将素材按一定的规格使用其他软件（如 Photoshop）进行编辑，以便于动画的制作。

（3）制作动画。制作动画是创建 Flash 动画中最重要的一步，其制作出来的动态效果将直接决定 Flash 动画是否成功，因此在制作动画时要注意动画中的每一个环节，要随时预览动画以便及时观察动画效果，找出动画中的不足并及时进行调整与修改。

（4）后期调试与优化。动画制作完毕后，应对动画进行全方位的调试，调试的目的是使整个动画看起来更加流畅、紧凑，且按期望的效果播放。调试动画主要是针对动画对象的细节、分镜头和动画片段的衔接、声音与动画播放是否同步等问题进行的，以保证动画的最终效果与质量。

（5）测试动画。动画制作完成并调试与优化后，应对动画的播放及下载等进行测试，因为每个用户的计算机软硬件配置大都不相同，所以应尽量在不同配置的计算机上测试动画，然后根据测试结果对动画进行调整和修改，使其在不同配置的计算机上均能下载且有很好的播放效果。

（6）发布动画。发布动画是 Flash 动画制作过程中的最后一步，用户可以对动画的格式、画面品质和声音等进行设置。在进行动画发布时，应根据动画的用途、使用环境等对动画进行设置，而不是一味地追求较高的画面质量、声音品质，增加不必要的文件，从而影响动画的传输。

5.1.2 认识 Flash CS6 操作界面

安装好 Flash CS6 后，双击其桌面图标或单击"开始"按钮 ⊞，在打开的菜单中选择"Adobe Flash Professional CS6"命令即可启动该软件。启动 Flash CS6 后，将打开 Flash CS6 的启动界面，在该界面中可以选择创建模板，也可以选择学习 Flash CS6 的相关功能和作用。Flash CS6 启动界面如图 5-2 所示。

图 5-2　Flash CS6 启动界面

在 Flash CS6 的启动界面中可以进行多种操作，具体如下。

（1）从模板创建。在该栏中单击相应的模板，可创建基于该模板的 Flash 动画文件。

（2）打开最近的项目。在该栏中可以通过选择"打开"选项，选择文件进行打开。该栏还可显示最近打开过的文件，单击文件的名称，可快速打开相应的文件。

（3）新建。该栏中的选项表示可以在 Flash CS6 中创建的新项目类型。

（4）学习。在该栏中选择相应的选项，可链接到 Adobe 官方网站相应的学习目录下。

（5）教程和帮助。选择该栏中的任意选项，可打开 Flash CS6 的相关帮助文件和教程等。

（6）不再显示。选中该复选框，在下次启动 Flash CS6 时，将不再显示启动界面。

只有在创建好 Flash 动画文件后，才能进入其操作界面，使用各个面板的功能。Flash CS6 的操作界面主要由菜单栏、工具箱、各种面板和舞台等组成。下面对 Flash CS6 操作界面进行介绍，如图 5-3 所示。

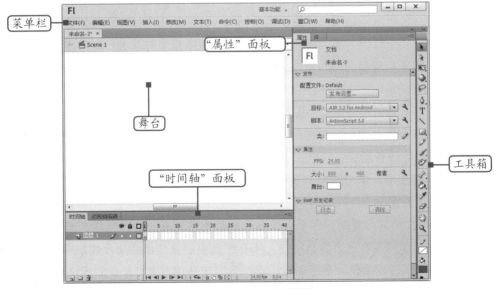

图 5-3　Flash CS6 操作界面

1. 菜单栏

Flash CS6 的菜单栏主要包括文件、编辑、视图、插入、修改、文本、命令、控制、调试、窗口、帮助等菜单，在制作 Flash 动画时，通过执行菜单中的相关命令，即可实现特定的操作。

2. "时间轴"面板

时间轴用于组织和控制一定时间内的图层和帧中的文档内容。与胶片一样，Flash 文档也将时长分为帧。图层就像堆叠在一起的多张胶片一样，每个图层都包含一个显示在舞台中的不同图像。选择"窗口"中的"时间轴"命令，可打开图 5-4 所示的"时间轴"面板。

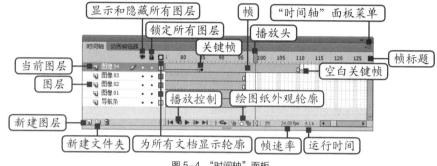

图 5-4 "时间轴"面板

"时间轴"面板中各选项含义如下。

（1）帧。帧是 Flash 动画中基础的组成部分。播放时，Flash 动画以帧的排列顺序从左向右依次快速进行切换，每个帧都存放于图层上。

（2）空白关键帧。要在帧中创建图形，必须新建空白关键帧。此类帧在时间轴上以空心圆点显示。

（3）关键帧。在空白关键帧中添加元素后，空白关键帧将被转换为关键帧，此时，空心圆点将被转换为实心圆点。

（4）帧标题。位于时间轴顶部，用于提示帧编号，帮助用户快速定位帧位置。

（5）播放头。用于标识当前的播放位置，用户可以随意地对其进行单击或拖动操作。

（6）图层。用于存放舞台中的元件，可一个图层放置一个元件，也可一个图层放置多个元件。

（7）当前图层。当前正在编辑的图层。

（8）显示和隐藏所有图层。单击图层列表右上方的 ● 按钮，所有图层都将被隐藏；再次单击该按钮将会显示所有图层。

（9）锁定所有图层。单击图层列表右上方的 ● 按钮，所有图层将不能进行操作；再次单击该按钮将解锁所有图层。

（10）为所有文档显示轮廓。每个图层名称的最右边都有一个颜色块，表示该图层元件的轮廓色。单击图层列表右上方的 □ 按钮，所有图层中的元件都会显示轮廓色；再次单击该按钮，将会取消显示该轮廓色。显示图层轮廓色可以帮助用户更好地识别元件所在的图层。

（11）新建图层。单击 □ 按钮，可新建一个图层。

（12）新建文件夹。单击 按钮，可新建一个文件夹。在制作 Flash 动画时将相同属性和一个类别的图层放置在一个文件夹中可方便编辑、管理。

（13）删除。单击 按钮，可删除选中的图层。

（14）播放控制。用于控制动画的播放，从左到右依次为"转到第一帧"按钮 、"后退一帧"按钮 、"播放"按钮 、"前进一帧"按钮 和"转到最后一帧"按钮 。

（15）绘图纸外观轮廓。用于在舞台中同时显示多帧，一般用于编辑、查看有连续动作的动画。

（16）帧速率。用于设置和显示当前动画文档 1 秒中播放的帧数，动作越细腻流畅的动画需要的帧速率越高。

（17）运行时间。用于显示播放头所在的播放时间，帧速率不同，相同帧显示的运行时间也不同。

（18）"时间轴"面板菜单。单击 按钮，在打开的下拉列表中包含关于时间轴显示设置的选项。

3. 工具箱

工具箱主要由"工具""查看""颜色""选项"等部分组成，可用于绘制、选择、填充、编辑图形。工具箱中的各种工具不仅具有相应的绘图功能，还包含相应的选项和属性。如"颜料桶工具"不仅包含不同的封闭选项，还包含颜色和样式等属性，如图 5-5 所示。

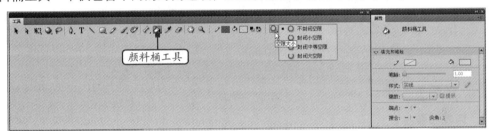

图 5-5　工具箱

4. "属性"面板

"属性"面板是一个实用而又特殊的面板，常用于设置绘制对象或其他元素（如帧）的属性。"属性"面板没有特定的参数选项，它会随着所选工具的不同而显示不同的参数选项。图 5-6 所示为选择"铅笔工具"后的"属性"面板（面板经过调整）。

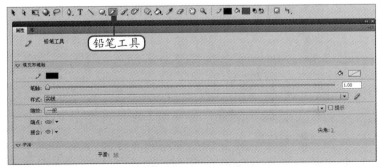

图 5-6　选择"铅笔工具"后的"属性"面板

5."颜色"面板

"颜色"面板是绘制图形的重要工具，主要用于填充笔触颜色和填充颜色。"颜色"面板包括"样本"和"颜色"两个选项卡。图5-7所示分别为"样本"选项卡和"颜色"选项卡。

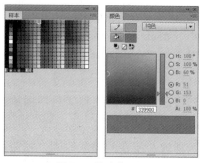

图5-7　"颜色"面板

6.辅助线

使用辅助线有助于对齐对象。与网格线不同，辅助线可以拖动到场景中的任何位置。选择"视图"中的"辅助线"中的"显示辅助线"命令，在场景中的标尺处按住鼠标左键不放拖动即可显示辅助线，如图5-8所示。

图5-8　辅助线

7.场景和舞台

场景和舞台如图5-9所示。Flash场景包括舞台、标签等。通常，图形的制作、编辑和动画的创作都必须在场景中进行，且一个动画可以包括多个场景。而舞台是场景中最主要的部分，动画只能在舞台上展示，通过文档属性可以设置舞台大小及其背景颜色。

图5-9　场景和舞台

5.1.3　新建并保存 Flash 文件

启动 Flash CS6，选择"文件"中的"新建"命令，或按【Ctrl+N】组合键，或在启动界面的"新建"栏中选择文件，新建 Flash 文件，新建文件后可将其保存到计算机中。下面以新建"舞蹈课件"为例介绍新建并保存 Flash 文件的方法，其具体操作如下。

微课：新建并保存 Flash 文件

（1）启动 Flash CS6，选择"文件"中的"新建"命令，在打开的对话框中选择要新建的 Flash 文件类型，在右侧的"宽"文本框中输入"2324"，在"高"文本框中输入"847"，单击 确定 按钮，完成 Flash 文件的新建，如图 5-10 所示。

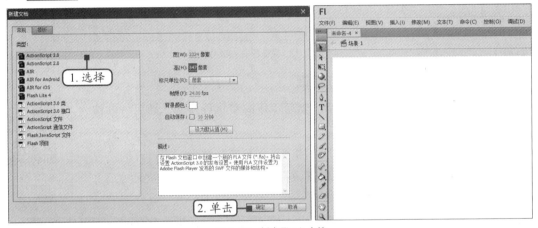

图 5-10　新建 Flash 文件

（2）选择"修改"中的"文档"命令，或按【Ctrl+J】组合键，或在舞台中右击，在弹出的快捷菜单中选择"文档属性"命令，打开"文档设置"对话框。

（3）在打开的"文档设置"对话框中的"尺寸"栏中输入舞台的尺寸，设置"宽度"和"高度"分别为"1162 像素""242 像素"，单击 确定 按钮，完成文档的设置，效果如图 5-11 右侧所示。

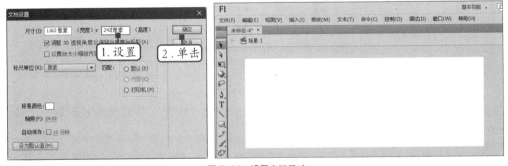

图 5-11　设置文档尺寸

（4）选择"文件"中的"保存"命令，或按【Ctrl+S】组合键，打开"另存为"对话框，在地址栏中选择保存位置，在"文件名"文本框中输入文件名称，最后单击 保存(S) 按钮完成 Flash 文件的保存，如图 5-12 所示。

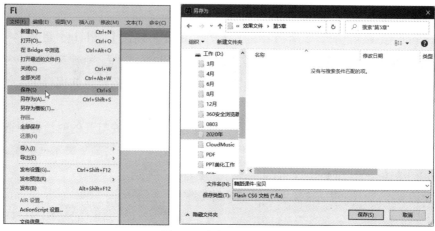

图 5-12　保存 Flash 文件

5.1.4　导入素材文件并进行编辑

启动 Flash CS6，设置画布大小，然后将所有素材导入库，然后将其移动至舞台，其具体操作如下。

微课：导入素材文件并进行编辑

（1）选择"文件"中的"导入"中的"导入到库"命令，在打开的"导入到库"对话框中选择"秋天"（配套资源：\ 素材文件 \ 第 5 章 \ 秋天 .jpg），单击 打开(O) 按钮，如图 5-13 所示。

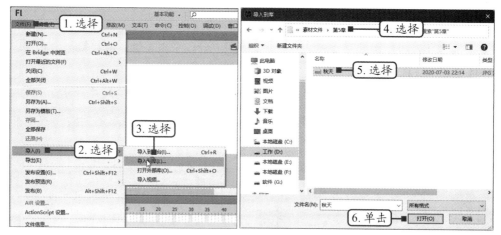

图 5-13　导入文件到库

（2）按【Ctrl+L】组合键，打开"库"面板。选择"秋天"并将其拖动到舞台上作为背景，如图 5-14 所示。

（3）按【Ctrl+K】组合键，打开"对齐"面板，单击"垂直居中"按钮 和"水平居中"按钮 。

（4）在工具箱中选择"任意变形工具" ，按住【Shift】键的同时按下并拖动鼠标左键调整图片大小，完成动画背景的制作，如图 5-15 所示。（配套资源：\ 效果文件 \ 第 5 章 \ 舞蹈课件 – 宝贝 .fla。）

图 5-14　添加背景　　　　　　　　　　　　图 5-15　调整图像

5.2 制作"跳舞的小熊"动画

　　使用 Flash 制作动画时可从外部调用相关的素材图像，当外部图像不能满足需求时，就需要制作者自行绘制图像。本节将通过绘制小熊、云朵和花朵来具体讲解在 Flash CS6 中绘制动画对象并填充动画对象的相关操作。"跳舞的小熊"动画参考效果如图 5-16 所示。

图 5-16　"跳舞的小熊"动画参考效果

5.2.1　绘制并填充白云

　　动画中的某些元素和角色通常是制作者自行绘制的。下面介绍如何使用 Flash CS6 绘制并填充白云，其具体操作如下。

　　（1）打开"舞蹈课件 – 宝贝 .fla"素材文件（配套资源：\ 素材文件 \ 第 5 章 \ 舞蹈课件 – 宝贝 .fla），在"时间轴"面板中单击"新建图层"按钮，新建一个图层，在新建的图层名称上双击，重命名图层名称为"白云 1"。

　　（2）在工具箱中选择"椭圆工具"，在"属性"面板的"填充和笔触"栏中单击

微课：绘制并
填充白云

"笔触颜色"按钮 右侧的色块，在打开的面板中单击右上角的 按钮，禁用笔触颜色，如图5-17所示。

（3）单击"填充"按钮 右侧的色块，在打开的面板中选择白色，在舞台中拖动鼠标左键绘制白色的椭圆形状，如图5-18所示。

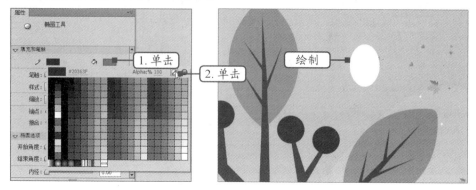

图5-17　禁用椭圆笔触颜色　　　　　　　　　图5-18　绘制椭圆形状

（4）使用相同的方法绘制椭圆形状，完成云朵的形状绘制，效果如图5-19所示。

（5）选择云朵形状，按【Ctrl+C】组合键复制，按【Ctrl+V】组合键粘贴形状，调整形状到合适的位置，选择下面的云朵形状，在"属性"面板中修改其填充颜色为浅灰色（#CFDDEA），选择两个云朵形状，按【Ctrl+G】组合键组合形状，效果如图5-20所示。

图5-19　云朵形状　　　　　　　　　　　图5-20　组合形状

（6）新建一个图层，修改图层名称为"白云2"，将之前组合后的云朵形状复制到舞台中，效果如图5-21所示。

图5-21　复制云朵形状

5.2.2 绘制小熊和花朵

绘制好云朵后，接着就需要绘制动画的对象，这里在背景中绘制出花朵和小熊，其具体操作如下。

（1）新建一个图层，修改图层名称为"熊"，在工具箱中选择"椭圆工具" ，在"属性"面板的"填充和笔触"栏中单击"填充"按钮右侧的色块，在打开的面板中单击右上角的按钮，禁用填充，设置笔触颜色为黑色。

（2）在"笔触"右侧的数值框中输入"3.00"，如图 5-22 所示。

（3）按住【Shift】键不放，在图 5-23 所示的舞台位置处绘制圆形。

图 5-22　设置笔触大小

图 5-23　绘制圆形

（4）使用相同的方法继续绘制圆形，在工具箱中选择"颜料桶工具"，将填充颜色设置为褐色（#8F5444），然后在绘制的第 1 个圆形上单击，填充褐色，如图 5-24 所示。

（5）使用相同的方法为小熊的耳朵填充黄色（#F6C491），效果如图 5-25 所示。

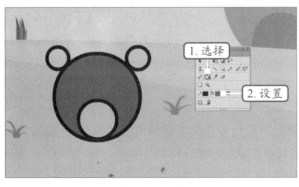

图 5-24　设置填充颜色

图 5-25　继续填充颜色

（6）选择"刷子工具"，在工具箱下方单击"刷子大小"按钮，在打开的下拉列表中选择第 7 个选项，并设置填充颜色为黑色，如图 5-26 所示。

（7）绘制小熊的眼睛，然后更改刷子的大小，继续绘制小熊的鼻子，效果如图 5-27 所示。

（8）在工具箱中选择"铅笔工具"，在"属性"面板中单击"笔触颜色"按钮右侧的色块，在打开的面板中选择白色，将"铅笔工具"的笔触颜色设置为白色，设置笔触大小为

"1.5"，然后使用"铅笔工具"在眼睛和鼻头上进行涂抹，绘制高光，如图 5-28 所示。

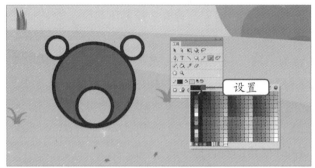

图 5-26　设置刷子填充颜色　　　　　　　　图 5-27　绘制眼睛和鼻子

（9）在工具箱中选择"钢笔工具" ，在其"属性"面板中将笔触颜色设置为灰色
（#999999）、笔触大小为"1.5"。

（10）绘制嘴和鼻子的纹路，如图 5-29 所示。

图 5-28　绘制高光　　　　　　　　　　图 5-29　绘制嘴和鼻子的纹路

（11）将小熊的嘴和鼻子所在的圆形填充为白色。选中小熊头部，按【Ctrl+G】组合键
组合形状，然后在工具箱中选择"钢笔工具" ，在小熊头部下方单击创建一个节点，按住
鼠标左键不放拖动鼠标调整路径的弧度到合适位置后释放鼠标左键，将鼠标指针移动到节点
处，待鼠标指针变为 形状后单击节点，如图 5-30 所示。

（12）继续绘制其他节点，使用相同的方法绘制小熊的躯干，效果如图 5-31 所示。

（13）选择绘制的小熊躯干，在"属性"面板中修改笔触颜色为"黑色"、笔触大小为
"3.00"。选择"铅笔工具" ，设置笔触颜色和笔触大小分别为"黑色"和"3.00"，为小熊
绘制手臂，效果如图 5-32 所示。

图 5-30　绘制路径　　　　　　图 5-31　绘制躯干　　　　　　图 5-32　绘制手臂

（14）选择"填充工具" ，将躯干和手臂填充为褐色（#8F5444）。使用椭圆工具，设置笔触颜色为黑色、填充颜色为黄色（#F6C491），为小熊绘制手掌和脚掌，并将其调整到合适位置，效果如图 5-33 所示。

（15）使用椭圆工具，按住【Shift】键的同时用鼠标左键绘制圆形，然后选择"选择工具"，拖动调整圆形，绘制小熊肚皮，效果如图 5-34 所示。

（16）使用相同的方法，绘制 3 个圆形，然后对其进行调整，绘制成蝴蝶结形状，然后修改该形状填充颜色为蓝色（#42929D），效果如图 5-35 所示。

图 5-33　填充身体颜色等　　　图 5-34　绘制小熊肚皮　　　图 5-35　绘制蝴蝶结形状

（17）选择小熊的身体部分、两只手部，分别进行组合。选择小熊，将其移动到舞台中下方，在工具箱中选择"钢笔工具" ，设置笔触颜色为青色（#00FF00），然后在草地上拖动鼠标绘制花茎，如图 5-36 所示。

（18）设置填充颜色为蓝色（#66FFFF），绘制一片花瓣并填充颜色，然后通过复制和旋转得到花朵；再绘制一个圆形，将其填充为黄色（#FFCC33），并将其放在花瓣中间，将其组合在一起。

（19）设置笔触颜色为草绿色（#339900），然后绘制一片草叶子，通过复制粘贴得到多片叶子，再使用"任意变形工具"调整位置，完成后的花朵效果如图 5-37 所示。

（20）利用【Shift】键选择花朵，按【Ctrl+G】组合键组合，然后复制多个花朵，并调整其大小，效果如图 5-38 所示。

图 5-36　绘制花茎　　　　图 5-37　花朵效果　　　　图 5-38　复制花朵

（21）使用"铅笔工具" ，按照上述方法绘制红色花朵，完成后的效果如图 5-39 所示。

（22）选择绘制的花朵，复制多个，并调整其大小，效果如图 5-40 所示（配套资源：\

效果文件 \ 第 5 章 \ 跳舞的小熊 .fla ）。

图 5-39　绘制红色花朵

图 5-40　复制红色花朵

5.3 制作"舞蹈课件"动画

　　Flash 动画课件的特点就在于能够让枯燥的画面动起来。在幼儿园多媒体课件设计中，将 Flash 动画引入课件，将提高课件质量，提升幼儿学习兴趣，活跃课堂氛围。前面学习了动画对象的绘制方法，本节将通过制作"舞蹈课件"动画来具体讲解 Flash 动画的基本知识和在 Flash CS6 中制作动画的方法。"舞蹈课件"动画参考效果如图 5-41 所示。

图 5-41　"舞蹈课件"动画参考效果

5.3.1　Flash 动画的基本知识

　　Flash 动画是通过时间轴上对帧的顺序播放，实现各帧中舞台实例的变化而产生动画效果的，动画的播放快慢是由帧频控制的。而 Flash 包含的多种类型的动画制作方法，为用户创作精彩的动画提供了多种可能。

1. Flash动画的基本类型

Flash 提供了多种方法来实现动画和特殊效果。通过 Flash，可制作逐帧动画、补间形状动画、传统补间动画、补间动画、遮罩动画和引导动画等。这些动画类型在 Flash 动画中经常使用，且操作起来相对简单。各种动画的特点和效果如下。

（1）逐帧动画。逐帧动画通常由多个连续关键帧组成，通过连续展现关键帧中的对象，产生动画效果，如图 5-42 所示。

（2）补间形状动画。补间形状动画是通过 Flash 计算两个关键帧中矢量图形的形状差异，并在关键帧之间自动添加变化过程的一种动画，如图 5-43 所示。

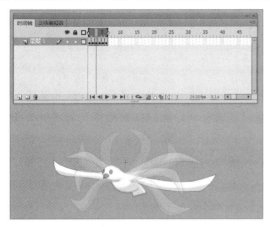

图 5-42　逐帧动画　　　　　　　　　　图 5-43　补间形状动画

（3）传统补间动画。传统补间动画是根据同一对象在两个关键帧中的位置、大小、Alpha 和旋转等属性的变化，由 Flash 计算并自动生成的一种动画，其结束帧中的图形与开始帧中的图形密切相关，如图 5-44 所示。

（4）补间动画。使用补间动画可设置对象的属性，例如大小、位置和 Alpha 等。补间动画在时间轴中显示为连续的帧范围，默认情况下可以作为单个对象进行选择，如图 5-45 所示。

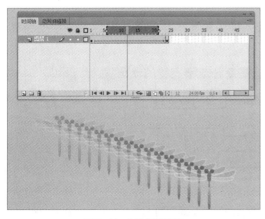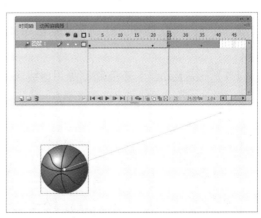

图 5-44　传统补间动画　　　　　　　　图 5-45　补间动画

（5）遮罩动画。遮罩动画由遮罩图层和被遮罩图层组成，两者缺一不可。遮罩图层位于上方，是用于确定显示区域的图层；被遮罩图层位于遮罩图层下方，是用于放置待显示图像的图层，这两个图层之间不能有其他图层。图5-46所示为使用遮罩动画前的效果（左图）和使用遮罩动画后的效果（右图）。

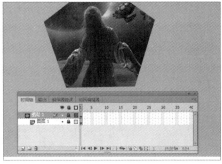

图5-46　遮罩动画

（6）引导动画。引导动画就是运用引导层绘制路径，可以使补间实例、组或文本块沿着这些绘制的路径运动，其效果与通过绘制运动路径制作补间动画的效果相似。创建引导图层时，可以将多个层链接到一个运动引导层，使多个对象沿同一条路径运动。链接到运动引导层的常规层为引导层。引导层上的线条不会在动画播放时出现，所以不需要删除。引导动画必须具备两个条件：一是有路径，二是有在路径上运动的对象。一条路径上可以有多个对象运动，且引导路径都是一些静态线条，在播放动画时路径线条不会显示。

2. 各种动画在时间轴上的标志

Flash通过在包含内容的每个帧中显示不同的指示符来区分时间轴中的各种类型动画。如图5-47所示，各种类型动画的时间轴特征如下。

（1）补间动画。补间动画的时间轴特征体现为一段具有蓝色背景的帧。在该背景范围中的第一帧的黑点表示补间范围内有目标对象，黑色菱形表示最后一帧和任何其他属性关键帧。

（2）传统补间动画。传统补间动画带有黑色箭头和浅紫色背景，起始关键帧处为黑色圆点。

（3）补间形状动画。补间形状动画带有黑色箭头和淡绿色背景，起始关键帧处为黑色圆点。

（4）不完整动画。不完整动画用虚线表示，是断开或不完整的动画。

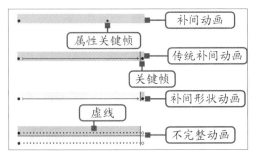

图5-47　各种类型动画的时间轴特征

5.3.2 制作补间动画

补间动画是通过为一个帧中的对象属性指定一个值，并为另一个帧中的相同属性指定另一个值所创建的动画。Flash 自动计算这两个帧之间的属性值。创建补间动画的对象类型包括影片剪辑、图形、按钮元件及文本字段等。下面使用补间动画来实现云朵和纸飞机的移动效果。

微课：制作补间动画

（1）打开"舞蹈课件 – 好宝宝.fla"动画文档（配套资源：\素材文件\第5章\舞蹈课件 – 好宝宝.fla），选择"文件"中的"导入"中的"导入到库"命令，选择好文件后单击 打开(O) 按钮，将需要的文件导入库，如图5-48所示。

（2）在舞台中选择绘制的云朵，在其上右击，在弹出的快捷菜单中选择"转换为元件"命令，打开"转换为元件"对话框，在其中设置名称为"云1"、类型为"影片剪辑"，单击 确定 按钮，如图5-49所示。

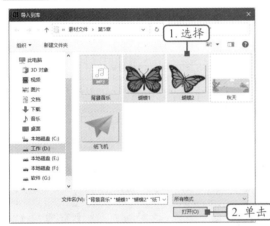

图 5-48　将文件导入库

图 5-49　转换为元件

（3）选择背景图层，在"时间轴"面板的图层中单击"锁定或解除锁定图层"按钮，锁定背景图层，在第360帧处单击定位插入点，然后选择"插入"中的"时间轴"中的"关键帧"命令，插入关键帧。

（4）选择"白云1"图层，在第360帧处单击定位插入点，然后按【F6】键在此处插入关键帧，然后使用"选择工具"将图像向右移动。

提示　选择"插入"中的"时间轴"命令，在弹出的子菜单中选择"帧"命令，或按【F5】键，将插入一个新帧；选择"空白关键帧"命令，或按【F7】键将插入一个空白关键帧。另外，在"时间轴"面板上右击，在弹出的快捷菜单中也可选择相应的命令来完成帧的创建。

（5）将鼠标指针移动到第1～360帧中间单击，选择"插入"中的"传统补间"命令，为第1～360帧插入传统补间动画，如图5-50所示。

（6）使用相同的方法将"白云2"图层中的云朵形状转换为"云2"影片剪辑元件，将转换得到的影片剪辑元件向左下方拖动到合适位置，然后双击该元件，进入元件编辑界面，在第200帧处按【F6】键插入关键帧，使用"选择工具"将图像向右上方移动，并缩小图形。再将第1～200帧转换为传统补间动画，如图5-51所示。

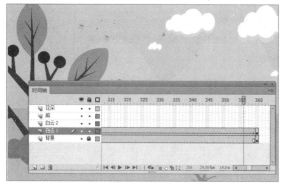

图5-50 编辑"白云1"图层

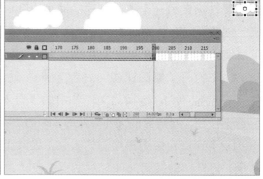

图5-51 为元件创建传统补间动画

（7）单击"场景1"超链接，返回主场景，在"白云2"图层的第360帧处插入关键帧，将元件移动到舞台右边，再将第1～360帧转换为传统补间动画，如图5-52所示。

（8）新建"纸飞机"影片剪辑，在元件编辑窗口中将"纸飞机"图像从"库"面板中移动到舞台中，通过"任意变形工具"将"纸飞机"缩小到合适大小，如图5-53所示。

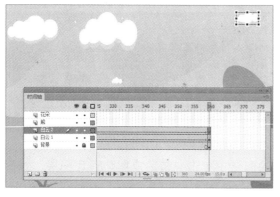

图5-52 编辑"白云2"图层

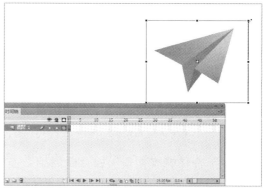

图5-53 编辑"纸飞机"元件

提示　　　由于下述操作中，会将"纸飞机"图像制作为补间动画，所以这里需要先将"纸飞机"图像制作为元件，否则不能将其制作为补间动画。

（9）返回场景1，在"时间轴"面板的左下角单击"新建图层"按钮，新建"图层1"。选择第150帧，按【F6】键插入关键帧，将"纸飞机"元件移动到舞台的左下角处，旋转元件，打开"变形"面板，设置"纸飞机"元件的"缩放宽度"和"缩放高度"都为"25.0%"，如图5-54所示。

（10）将鼠标指针定位到时间轴的"图层4"中，选择"插入"中的"创建补间动画"命令，创建补间动画，如图5-55所示。

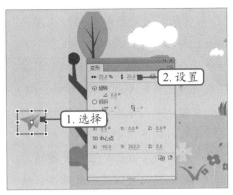
图 5-54　变形"纸飞机"元件

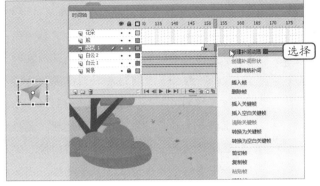
图 5-55　创建补间动画

（11）在"时间轴"面板中选择第 360 帧，将"纸飞机"元件向舞台右上角移动，并旋转元件，如图 5-56 所示。

（12）在"图层 4"的第 220 帧处插入关键帧。使用"部分选择工具"向下拖动节点调整路径位置，然后选择"纸飞机"的角度，同时再次调整第 150 帧处"纸飞机"的旋转角度，使其与编辑后的路径角度一致，效果如图 5-57 所示。

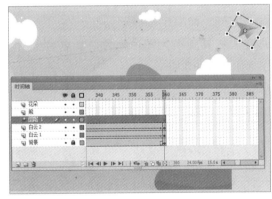
图 5-56　移动并旋转元件

图 5-57　编辑补间动画

（13）在第 290 帧处插入关键帧，使用相同的方法调整"纸飞机"的角度，使其与路径一致，如图 5-58 所示。

图 5-58　调整"纸飞机"的角度

补间动画中的补间范围和属性关键帧，与传统补间动画和补间形状动画有一定的区别。补间范围是时间轴中的一组帧，其舞台上对象的一个或多个属性可以随着时间而改变，补间范围在时间轴中显示为具有蓝色背景的单个图层中的一组帧。可将这些补间范围作为单个对象进行选择，并从时间轴中的一个位置拖到另一个位置，包括拖到另一个图层。在每个补间范围中，只能对舞台上的一个目标对象进行动画处理。属性关键帧是在补间范围中为补间目标对象显示定义的一个或多个属性值的帧，定义的每个属性都有自己的属性关键帧。如果在单个帧中设置了多个属性，则其中每个属性的属性关键帧会驻留在该帧中。用户可以在动画编辑器中查看补间范围的每个属性及其属性关键帧。

5.3.3　创建元件

　　使用 Flash 制作动画时，若要重复使用实例，通常需将其制作为元件，以节约制作时间，减少资源占用。下面将为花朵创建元件，其具体操作如下。

微课：创建元件

　　（1）选择"花朵"图层中的花朵，在其上右击，在弹出的快捷菜单中选择"转换为元件"命令，打开"转换为元件"对话框，在其中设置名称和类型分别为"花朵1"和"图形"，完成后单击 确定 按钮，如图 5-59 所示。

　　（2）选择场景中的红色花朵，使用相同的方法将其转换为图形元件，其名称为"花朵2"，类型为"图形"，完成后单击 确定 按钮，如图 5-60 所示。

图 5-59　创建花朵元件　　　　　　　　图 5-60　创建其他花朵元件

5.3.4　制作传统补间动画

　　Flash 中的传统补间动画与补间动画类似，但在某种程度上，其创建过程更为复杂，也不那么灵活。在传统补间动画中，用户可以在动画的重要位置处定义关键帧。Flash 会创建关键帧之间的帧内容。由于 Flash 文档会保存每一个关键帧中的形状，因此只需在插图中有变化的位置处创建关键帧。

微课：制作传统补间动画

　　（1）选择"花朵"图层的第 1 帧，在其上右击，在弹出的快捷菜单中选择"清除关键帧"命令，然后选择第 100 帧，按【F6】键插入关键帧，在"库"面板中将"花朵 1"元件拖动到舞台上，并调整到合适位置，如图 5-61 所示。

（2）选择第 360 帧，插入关键帧，然后分别在第 160 帧、第 220 帧、第 280 帧和第 340 帧处插入关键帧。

（3）选择第 160 帧，选择"任意变形工具"，将"花朵 1"元件的中心点移动到下方位置，然后拖动鼠标向左旋转花朵，效果如图 5-62 所示。

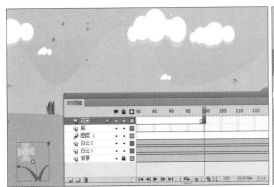

图 5-61　创建关键帧　　　　　　　　　　　　　　图 5-62　编辑第 160 帧的效果

（4）选择第 280 帧，使用"任意变形工具"选择"花朵 1"元件，将中心点移动到下方位置，然后拖动鼠标向右旋转花朵，效果如图 5-63 所示。

（5）分别在第 100 帧、第 160 帧、第 220 帧、第 280 帧和第 340 帧处右击，在弹出的快捷菜单中选择"创建传统补间"命令，如图 5-64 所示。

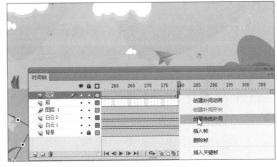

图 5-63　编辑第 280 帧的效果　　　　　　　　　图 5-64　创建传统补间动画

提示

需要注意的是，这里将"花朵"图像转换为元件是为了便于后面创建传统补间动画，而将中心点移动到下方，则是为了使花朵飘动效果更好。

（6）在"时间轴"面板中新建一个名称为"花"的图层，在舞台中添加多个"花朵 1"元件，调整其位置和大小，然后使用上述方法，为其创建关键帧，并创建传统补间动画，效果如图 5-65 所示。

（7）创建"花 2"图层，然后在其中添加"花朵 2"元件，并复制多个，调整其大小和位置，然后为其创建和前面图层相同位置的关键帧，旋转元件，并创建传统补间动画，效果如图 5-66 所示。

图 5-65　创建的"花"图层　　　　　　图 5-66　创建的"花2"图层

5.3.5　制作引导动画

引导动画可分为只能作用于单一图层的普通引导动画和可以作用于多个图层的多层引导动画。用一个引导层同时引导多个被引导层中的对象的动画称为多层引导动画。在制作引导动画时，默认引导层只能引导其下的一个图层中的对象，如果要使引导层能够引导多个图层中的对象，可将图层拖动到

微课：制作引导动画

引导层的下方或更改图层属性使其能够和引导层之间产生一种链接的关系，从而实现被引导。下面将继续在"舞蹈课件 – 好宝宝 .fla"中通过创建引导动画来制作蝴蝶飞舞的效果，其具体操作如下。

（1）选择"插入"中的"新建元件"命令，在打开的对话框中设置"名称"和"类型"分别为"蝴蝶1"和"影片剪辑"，单击 确定 按钮，进入元件编辑窗口。

（2）在"库"面板中将"蝴蝶1.png"图片拖入舞台，按【Ctrl+B】键分离图像，框选左侧翅膀，按住【Ctrl】键的同时向空白处拖动鼠标左键以复制翅膀，选择"橡皮擦工具" 擦除翅膀的多余部分，效果如图 5-67 所示。

（3）框选处理好的左侧翅膀，按住【Alt+Shift】组合键的同时向空白处拖动鼠标左键复制翅膀，选择"修改"中的"变形"中的"水平翻转"命令，得到右侧翅膀，如图 5-68 所示。

（4）框选左侧和右侧翅膀，按【Ctrl+G】组合键将其组合。按【F8】键打开"转换为元件"对话框，在其中设置"名称"和"类型"分别为"红色蝴蝶"和"影片剪辑"，单击 确定 按钮，如图 5-69 所示。

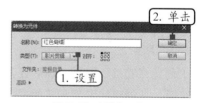

图 5-67　复制左侧翅膀　　图 5-68　复制并处理得到右侧翅膀　　　　图 5-69　转换为元件

（5）使用相同的方法框选蝴蝶的身体，按住【Ctrl】键的同时向空白处拖动鼠标左键以复制身体，选择"橡皮擦工具" 擦除身体的多余部分。框选处理好的身体，使用相同的方法将其转化为影片剪辑元件"身体 1"，如图 5-70 所示。

（6）删除拖入舞台的"蝴蝶 1.png"，使元件中心点与舞台中心点重合，如图 5-71 所示。

图 5-70　转换为元件

图 5-71　使元件中心点与舞台中心点重合

（7）在第 3 帧处插入关键帧，在"变形"面板中将"红色蝴蝶"元件的"缩放宽度"设置为"53.0%"，"缩放高度"保持不变，并使元件中心点与舞台中心点重合，如图 5-72 所示。

（8）选择第 1 帧和第 2 帧并右击，在弹出的快捷菜单中选择"创建补间动画"命令，创建第 1 段动作补间动画，如图 5-73 所示。

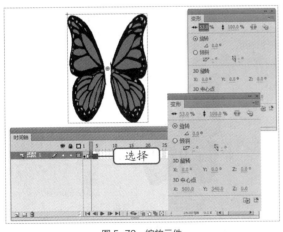

图 5-72　缩放元件

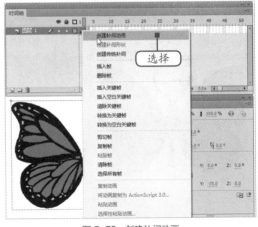

图 5-73　创建补间动画

（9）在第 5 帧处插入空白关键帧，在第 1 帧上右击，在弹出的快捷菜单中选择"复制帧"命令，再在第 5 帧上右击，在弹出的快捷菜单中选择"粘贴帧"命令，将第 1 帧中的内容复制到第 5 帧中，如图 5-74 所示。

（10）在第 7 帧和第 9 帧处插入空白关键帧，使用相同的方法分别将第 3 帧中的内容复制到第 7 帧，将第 5 帧中的内容复制到第 9 帧，并在第 3 帧、第 5 帧和第 7 帧上创建动作补间动画，效果如图 5-75 所示。

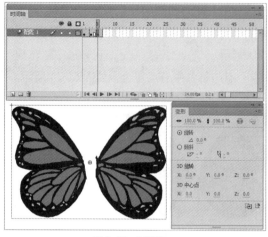

图5-74　复制帧

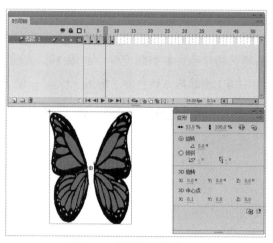

图5-75　创建其他补间动画

（11）新建"图层2"，在第1帧中将"身体1"元件拖入场景，使元件中心点与舞台中心点重合，如图5-76所示。

（12）在第3帧处插入关键帧，在"变形"面板中将"身体1"元件的"缩放宽度"设置为"47%"，"缩放高度"保持不变，并使元件中心点与舞台中心点重合，如图5-77所示。

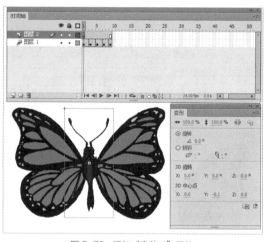

图5-76　添加"身体1"元件

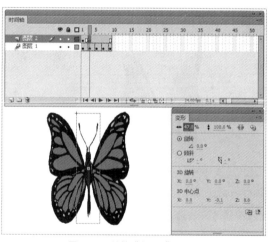

图5-77　缩放"身体1"元件

（13）在第1帧和第2帧上右击，在弹出的快捷菜单中选择"创建补间动画"命令，创建第1段动作补间动画，如图5-78所示。

（14）在第5帧处插入空白关键帧，在第1帧上右击，在弹出的快捷菜单中选择"复制帧"命令，在第5帧上右击，在弹出的快捷菜单中选择"粘贴帧"命令，将第1帧中的内容复制到第5帧中。在第7帧和第9帧处插入空白关键帧，使用相同的方法分别将第3帧中的内容复制到第7帧，将第5帧中的内容复制到第9帧，并在第3帧、第5帧和第7帧上创建动作补间动画，效果如图5-79所示。

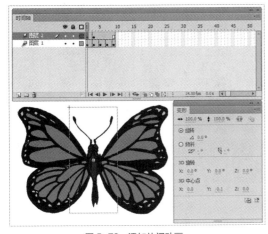

图 5-78　添加补间动画

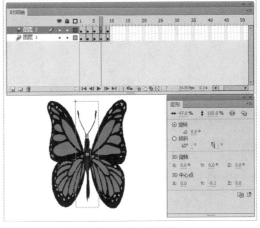

图 5-79　设置其他补间动画

（15）返回主场景，选择"插入"中的"新建元件"命令，在打开的对话框中设置"名称"和"类型"分别为"蝴蝶 2"和"影片剪辑"，单击　确定　按钮，进入元件编辑窗口。

（16）将"蝴蝶 2.png"图片拖入场景，按两次【Ctrl+B】组合键将图片分离。创建"绿色蝴蝶"和"身体 2"图形元件，制作"蝴蝶 2"影片剪辑元件。

（17）返回主场景，新建"图层 3""图层 4"，选择"图层 4"，在其上右击，在弹出的快捷菜单中选择"添加传统运动引导层"命令，如图 5-80 所示。

（18）选择第 1 帧，选择"铅笔工具" ，将"笔触颜色"设置为"绿色"（#00FF00），笔触模式设置为"平滑"，在舞台上绘制两条未封闭的曲线作为引导路径，如图 5-81 所示。

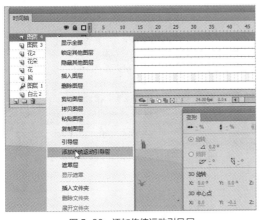

图 5-80　添加传统运动引导层

图 5-81　绘制引导路径

（19）将"图层 3"拖入引导图层，将其转换为引导图层，效果如图 5-82 所示。

（20）选择"图层 3"的第 150 帧，将"蝴蝶 1"元件拖入舞台。在"变形"面板中，设置"缩放宽度"和"缩放高度"分别为"10.0%"和"10.0%"，移动元件使其中心点与曲线的起始点重合，并旋转方向，使其与引导路径一致，如图 5-83 所示。

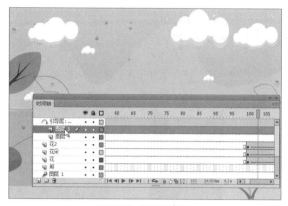

图5-82 转换"图层3"

图5-83 编辑"蝴蝶1"元件

（21）选择"图层3"的第360帧，插入一个关键帧，然后将"蝴蝶1"元件拖到曲线的末尾处，并对其角度进行调整，使元件的中心点处于曲线上。选择第1～360帧，为其创建传统补间动画，效果如图5-84所示。

（22）选择第150帧，在"属性"面板中，选中"调整到路径"复选框。

（23）选择"图层4"的第150帧，插入一个关键帧，然后将"蝴蝶2"元件拖入场景，在"变形"面板中设置"缩放宽度"和"缩放高度"分别为"15.0%"和"15.0%"，使其中心点和外面的曲线起始点重合，如图5-85所示。

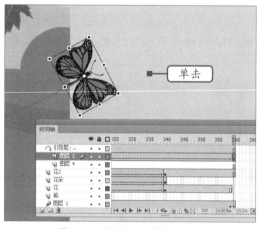

图5-84 编辑图层3的第360帧

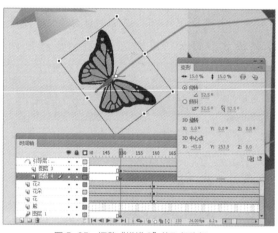

图5-85 调整"蝴蝶2"的飞行路径

提示　若要蝴蝶飞舞得更自然，可在"图层3""图层4"中多次插入关键帧并根据曲线的走向对"蝴蝶1""蝴蝶2"的角度进行调整。

（24）选择"图层4"的第360帧，将"蝴蝶2"元件拖到曲线的末尾处，并对其角度进行调整，使元件的中心点处于曲线上。在"图层4"的第150帧上创建动作补间动画，如图5-86所示。

（25）选择"图层 4"的第 150 帧，在"属性"面板中选中"调整到路径"复选框，拖动时间轴滑块观察动画，发现蝴蝶没有完全跟随引导路径运动，因此，在"图层 4"的第 160 帧处按【F6】键插入关键帧，然后调整蝴蝶位置和方向，如图 5-87 所示。

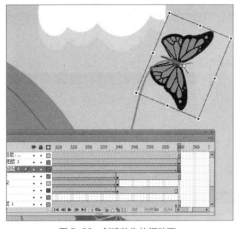
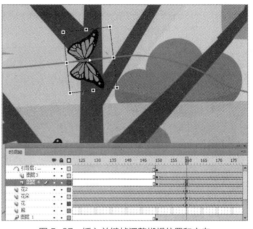

图 5-86　创建动作补间动画　　　　　　　图 5-87　插入关键帧调整蝴蝶位置和方向

（26）使用相同的方法在"图层 3"和"图层 4"的相应位置插入关键帧，然后调整蝴蝶位置和方向，如图 5-88 所示，使蝴蝶完全跟随引导路径运动。

图 5-88　继续插入关键帧调整蝴蝶位置和方向

（27）选择引导层，在第 360 帧处创建一个关键帧，然后按【Ctrl+S】组合键保存文件即可。

5.3.6　添加声音

声音在动画中起着重要的作用，它是 Flash 动画的重要组成部分之一，直接关系到动画的表现力和效果。制作更精美的动画如果没有声音的配合，也会显得苍白无力。同样地，声音的添加也让一些特殊的动画效果变得更加巧妙。Flash 在声音的控制上越来越强大，不仅可以和动画同时播放，还可以在时间轴上连续播放，让动画变得更加精美。下面将在"舞蹈课件 - 好宝宝 .fla"中添加声音，其具体操作如下。

微课：添加声音

（1）新建图层并将其命名为"声音"。选择"声音"图层，从"库"面板中将"背景音乐 .mp3"音频拖动到舞台中，如图 5-89 所示。

（2）选择"声音"图层的第 1 帧，在"属性"面板中单击 按钮，打开"编辑封套"对话框，在音频波段处单击添加几个封套手柄，分别调整手柄位置，单击 确定 按钮，如图 5-90 所示。

单击"编辑封套"对话框下方的▶按钮可试听，单击■按钮可终止试
听。对话框中的标尺以上为左声道，标尺以下为右声道，用户可分别对其设
置不同的音量。

图 5-89　添加声音

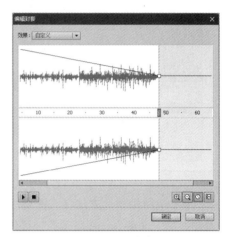

图 5-90　编辑声音

5.3.7　认识骨骼动画

骨骼动画也叫反向运动，是使用骨骼关节结构对一个对象或彼此相关的一组对象进行
动画处理的方法。使用骨骼后，元件实例和形状对象可以按复杂但自然的方式移动，只需进
行很少的设计工作。通常，使用关键帧进行动画处理时，只需指定对象的开始位置和结束位
置。通过骨骼动画可以更加轻松地创建人物相关动画，例如胳膊、腿的运动和面部表情变
化等。

在 Flash 中，可以向单独的元件实例或单个形状的内部添加骨骼。在一个骨骼移动时，
与启动运动的骨骼相关的其他连接骨骼也会移动。通过骨骼动画，制作的动画更加自然。

骨骼链称为骨架。在父子层次结构中，骨架中的骨骼彼此相连。骨架可以是线性的或分
支的。源于同一骨骼的骨架分支称为同级；骨骼之间的连接点称为关节。

在 Flash 中，可以按以下两种方式创建骨骼动画。

第一种方式：向形状对象的内部添加骨架，可以在合并绘制模式或对象绘制模式中创建
形状。通过骨骼，可以移动形状的各个部分并对其进行动画处理，而无须绘制形状的不同版
本或创建补间形状。例如，向简单的蛇图形添加骨骼，使蛇逼真地移动和弯曲。

第二种方式：通过添加将每个实例与其他实例连接在一起的骨骼，用关节连接一系列的
元件实例。骨骼允许元件实例连接在一起移动。例如，有一组影片剪辑，其中的每个影片剪
辑都表示人体的不同部分，若将躯干、上臂、下臂和手连接在一起，就可以创建移动非常逼
真的胳膊。

5.3.8 制作骨骼动画

在向形状或元件添加骨骼时，Flash 会将形状或元件以及关联的骨架移动到时间轴中的新图层中，该新图层称为姿势图层。每个姿势图层只能包含一个骨架及其关联的实例或形状，其具体操作如下。

微课：制作骨骼动画

（1）选择"熊"图层的第 1 帧，按【Ctrl+Shift+G】组合键取消形状组合，如图 5-91 所示。

（2）在"熊"形状上右击，在弹出的快捷菜单中选择"转换元件"命令，在打开的"转换为元件"对话框中设置"名称"和"类型"分别为"角色动作"和"影片剪辑"，单击 确定 按钮，如图 5-92 所示。

图 5-91　取消形状组合　　　　　　图 5-92　转换为元件

（3）选择"身体"形状，按【F8】键，打开"转换为元件"对话框，在其中设置"名称"和"类型"分别为"身体"和"图形"，单击 确定 按钮。图 5-93 所示为转换"身体"元件。

（4）使用相同的方法，将小熊的头部、左手、右手创建为相应的图形元件。

（5）选择所有的元件，再选择"骨骼工具" 。按住鼠标左键不放，从头部拖动鼠标到左手处，释放鼠标左键，绘制骨骼，如图 5-94 所示。

图 5-93　转换"身体"元件　　　　　　图 5-94　绘制骨骼

（6）使用相同的方法分别添加从头部到身体和到右手的骨骼，创建的骨架如图 5-95 所示。

（7）选择第 30 帧，按【F6】键插入关键帧，然后拖动鼠标调整小熊的姿势，如图 5-96 所示。

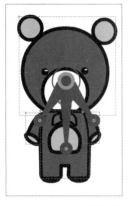

图 5-95　创建的骨架

图 5-96　调整熊的姿势

（8）使用"选择工具" ![选择工具]调整骨架位置，在第 60 帧处插入姿势，并调整其位置，如图 5-97 所示。

（9）选择连着左手的骨骼，打开"属性"面板，在"联接：X 平移"栏中选中"启用"和"约束"复选框，设置"最小""最大"分别为"-40.0""39.0"；在"联接：Y 平移"栏中选中"启用"和"约束"复选框，设置"最小""最大"分别为"-13.0""53.0"，如图 5-98 所示。

图 5-97　插入并调整姿势

图 5-98　为骨骼设置约束

（10）选择"骨骼"图层，打开"属性"面板，在"缓动"栏中设置"类型"为"简单（慢）"，如图 5-99 所示。

提
示
　　设置缓动类型是为了让动画更细腻、更逼真，在制作这类动画时，可对每个姿势帧设置不同的缓动类型，以有效提高动画的逼真度。

（11）返回主场景，在第 360 帧处插入关键帧，将"熊"图层移动到"声音"图层的下方。在"时间轴"面板中将帧速率设置为"36"fps，如图 5-100 所示。

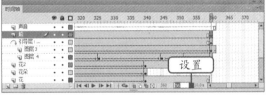

图 5-99　设置缓动类型　　　　　　　　　图 5-100　设置帧速率

（12）按【Ctrl+S】组合键保存动画文档。按【Ctrl+Enter】组合键测试动画，发现动画中小熊的动作过于缓慢，不易发现有变化，如图 5-101 所示。

（13）关闭测试对话框，双击"角色动作"元件，进入元件编辑窗口。在时间轴上，拖动第 60 帧，向第 24 帧移动，效果如图 5-102 所示（配套资源：\效果文件\第 5 章\舞蹈课件 – 好宝宝 .fla、舞蹈课件 – 好宝宝 .swf），完成后按【Ctrl+S】组合键保存动画文档即可。

图 5-101　测试动画效果　　　　　　　　　图 5-102　调整骨骼动画长度

5.4　练习

　　本章主要介绍了使用 Flash 制作动画课件的相关知识。在幼儿园多媒体教学课件设计中，掌握 Flash 动画制作可以为多媒体课件设计与制作带来事半功倍的效果。

1. 制作"童年MV"动画

本练习将制作一个"童年MV"动画。首先创建文档，然后导入素材（配套资源：\ 素材文件\ 第5章\ 童年MV），创建引导层动画，再使用文字工具添加歌词，然后创建补间动画，完成后的参考效果如图5-103所示（配套资源：\ 效果文件\ 第5章\ 童年MV.fla、童年MV.swf）。

图5-103　"童年MV"动画参考效果

2. 制作"龟兔赛跑"动画

本练习将制作"龟兔赛跑"动画。首先启动Flash，使用绘图工具绘制乌龟和兔子的卡通形象，然后通过绘图工具对短片中需要使用到的3个场景进行绘制。绘制完成后，在场景中加入乌龟和兔子的卡通形象，并制作补间动画，完成后的参考效果如图5-104所示（配套资源：\ 效果文件\ 第5章\ 龟兔赛跑.fla、龟兔赛跑.swf）。

图5-104　"龟兔赛跑"动画参考效果

5.5　拓展知识

ActionScript是一种脚本语言，它不仅可以制作交互动画，而且可以制作许多特效动画。正是由于支持ActionScript脚本语言，Flash才有别于其他动画软件，从众多动画软件中脱颖而出，获得众多动画制作者，甚至程序员的青睐。

ActionScript 3.0 是 ActionScript 脚本语言中最新的一个版本，也是目前在 Flash 动画中较常使用的脚本语言。使用它编译的代码具有非常快的运行速度，能实现更流畅的画面和更迅速的动画响应。不能简单地将 ActionScript 3.0 看作 ActionScript 2.0 的升级版本，因为二者的理念并不相同，ActionScript 3.0 是完全面向对象的脚本语言，而 ActionScript 2.0 则是部分面向对象的脚本语言。下面将介绍 ActionScript 中"动作"面板、"代码片段"面板、对象和鼠标事件的相关知识。

1．"动作"面板

编辑 ActionScript 脚本语言的主要操作基本都是在"动作"面板中进行的，所以在学习 ActionScript 语言前需先认识其编辑环境。选择"窗口"中的"动作"命令或按【F9】键，打开图 5-105 所示的"动作"面板，通过"动作"面板可以编写 ActionScript 语句。

图 5-105 "动作"面板

（1）动作工具箱。动作工具箱用于存放 ActionScript 可用的所有元素分类。单击动作工具箱中的类、方式、属性等，可轻松地将其加入程序段，这是初学者经常使用的编辑方法。此外，单击 按钮，将打开隐藏的类、方式、属性集合。

（2）脚本编辑窗口。脚本编辑窗口用于存放已编辑好的 ActionScript 语句。若需添加或修改 ActionScript 语句，只需选择帧后，打开"动作"面板，在脚本编辑窗口中添加或修改 ActionScript 语句即可。

（3）"添加"按钮 。"添加"按钮 用于添加脚本。单击该按钮，在打开的下拉列表中可将选择的新属性、事件、方法添加到语句中。

（4）"查找"按钮 。单击该按钮，在打开的"查找和替换"对话框中可以设置需要查找和替换的函数、变量等。

（5）"插入"按钮 。单击该按钮，在打开的"插入目标路径"对话框中可以设置调用的影片剪辑或其变量。

（6）"语法检查"按钮 。单击该按钮，可检查输入的表达式是否有错。检查结果会显示在"编译器错误"面板中。

（7）"自动套用格式"按钮 。单击该按钮，可以对程序代码段格式进行规范处理。规范程序代码段可以使输入的程序段更易阅读。

（8）"显示代码提示"按钮 。选择函数后单击该按钮，将显示代码的提示信息，这在阅读代码时非常有用。

（9）"调试"按钮 。单击该按钮，可插入或改变断点。

（10）"折叠"按钮 。单击该按钮，可将程序代码段中花括号中的所有内容折叠起来。

（11）"折叠所选"按钮 。单击该按钮，可将所选的程序代码段折叠起来，这样能更有针对性地对代码进行编辑。

（12）"展开"按钮 。单击该按钮，可将折叠的程序段展开。

（13）"应用块注释"按钮 。单击该按钮，可注释多行代码，添加注释有助于学习、维护程序代码。

（14）"应用行注释"按钮 。单击该按钮，可注释单行代码。

（15）"删除注释"按钮 。单击该按钮，可删除程序段中的注释。

（16）"显示/隐藏工具箱"按钮 。单击该按钮，可显示或隐藏动作工具箱。

（17）"代码片段"按钮 。单击该按钮，将打开"代码片段"面板，在其中可以添加 Flash 中已集成的代码片段。

（18）"脚本助手"按钮 。单击该按钮，打开脚本助手功能，该功能可帮助初学者编辑程序代码。

（19）脚本导航器。脚本导航器用于标注显示当前 Flash 动画中哪些动画帧添加了 Action-Script 脚本。通过脚本导航器可以方便地在动画中在添加了 ActionScript 脚本的动画帧之间进行切换，这在调试脚本时非常有用。

2. "代码片段"面板

为了更快地帮助初学者通过 ActionScript 脚本制作出所需的简单动画，Flash 提供了"代码片段"面板，该面板中集成了很多常用的代码片段。用户只需稍微对 ActionScript 脚本的语法有所了解，就能快速地使用"代码片段"面板制作出各种动画。此外，使用"代码片段"面板输入的脚本下方都有注释语句，用户可以查看代码片段，进一步地了解 ActionScript 脚本的语法规则。

3. 对象

ActionScript 是一种面向对象的编程语言。组织程序中脚本的方法只有一种，即使用对象。假如定义了一个影片剪辑元件，并已在舞台上放置了该元件，严格意义上来说，该影片剪辑元件也是 ActionScript 中的一个对象，任何对象都包含3种类型的特性：属性、方法和事件。

（1）属性。属性表示某个对象中绑定在一起的若干数据块中的一个，用户可以像使用变量那样使用属性。例如 song 对象可以包含名为 artist 和 title 的属性；MovieClip 类具有 rotation、x、width、height 和 alpha 等属性。

（2）方法。方法指对象中可执行的动作。例如对于影片剪辑元件，可以播放、停止或根据命令将播放头移动到特定帧。

（3）事件。事件指确定计算机执行哪些指令以及何时执行的机制。本质上，事件就是所发生的、ActionScript 能够识别并能响应的事情。许多事件都与用户交互有关，例如用户单击某个按钮、按键，或者使用 ActionScript 加载外部图像时，有一个事件可以让用户知道图像何时加载完毕等。当 ActionScript 程序运行时，从概念上讲，它只是在等待某些事件的发生。当发生这些事件时，为这些事件指定的 ActionScript 代码将运行。

4．鼠标事件

用户可以使用鼠标事件来控制影片的播放、停止，以及 x、y、alpha 和 visible 属性等。在 ActionScript 中通常用 MouseEvent 表示鼠标事件，而常用的鼠标事件包括鼠标单击、鼠标跟随、鼠标经过和鼠标拖曳等。

（1）鼠标单击。常使用单击按钮来控制影片的播放与响应属性等，鼠标单击通常用 CLICK 表示。图 5-106 所示为通过单击按钮 btnmc 来响应影片 mc 的属性。

（2）鼠标跟随。可通过将实例 x、y 属性与鼠标坐标绑定来实现让文字或图形实例跟随鼠标移动的操作。图 5-107 所示为定义函数 txt，值为一串文字，然后让其跟随鼠标。

```
import flash.events.MouseEvent;
mc.stop();

function mcx(event:MouseEvent):void
{
    mc.visible = true;
    mc.play();
}
btnmc.addEventListener(MouseEvent.CLICK,mcx);
```

图 5-106 鼠标单击

```
var arr=new Array();
var txt = "WLCOME";
var len = txt.length;
for (var j=0; j<len; j++)
{
    var mc=new txtmc();
    arr[j] = addChild(mc);
    arr[j].txt.text = txt.substr(j,1);
    arr[j].x = 0;
    arr[j].y = 0;
}
addEventListener(Event.ENTER_FRAME,run);
function run(evt)
{
    for (var j=0; j<len; j++)
    {
        arr[j].x=arr[i]+(mouseX-arr[j].x)/(1+j)+10;
        arr[j].y=arr[i]+(mouseY-arr[j].y)/(1+j);
    }
}
```

图 5-107 鼠标跟随

（3）鼠标经过。常使用鼠标经过来制作一些特效动画，用 MOUSE_MOVE 表示鼠标经过。图 5-108 所示代码用于鼠标经过时添加并显示实例 paopao。

（4）鼠标拖曳。可以使用鼠标来拖曳实例对象，用 startDrag 实现开始拖曳，用 stopDrag 实现停止拖曳。图 5-109 所示为实现对实例对象 ball 的拖曳。

```
var i = 0;
var k = 0;
var del = false;
var pao:Array=new Array();
//定义pao为数组对象
function run(evt)
{
    K++;
    if (k == 10)
    {
        var pp=new paopao();
        pao[i] = addChild(pp);   //添加并显示实例
        pao[i].x = mouseX;
        pao[i].y = mouseY;
        i++;
        if (i == 10)
        {
            i = 0;
            del = true;
        }
        k = 0;
    }
}
addEventListener(MouseEvent.MOUSE_MOVE,run);
```

图 5-108 鼠标经过

```
ball.addEventListener(MouseEvent.MOUSE_DOWN,run);
function run(evt)
{
    ball.startDrag();
}
ball.addEventListener(MouseEvent.MOUSE_UP,run);
function run(evt)
{
    ball.stopDrag();
}
```

图 5-109 鼠标拖曳

第 6 章
微课型课件制作

　　随着教育教学方式的不断更新、发展，微课作为一种新型的教学模式和高效的教学手段，为课堂教学带来了新的变化，其生动有趣、形象直观的特点也为幼儿园教学带来了新的形式和内容。本章主要介绍微课型课件制作的常用方法和技巧。通过学习本章内容，幼儿园教师能够轻松地根据教学要求，制作出符合教学需要的微课型课件。

学习目标

- 掌握微课的相关知识。
- 制作"我长大了"微课。

素养目标

- 提升信息意识，提高信息获取、信息转换和信息编辑的能力。
- 培养乐学善学、勤于反思的学习精神，培养实践能力和动手能力。

6.1 微课概述

微课以视频为主要载体，对于幼儿园教学，主要用于记录幼儿园教师围绕某一知识点或某个教学环节而开展的教学活动过程。在制作微课型课件前，幼儿园教师需要先了解微课的基础知识。

6.1.1 微课的概念

微课具有教学时间较短、内容较少、资源容量较小等特点。一般情况下，微课的时长在5分钟左右，用于将教学内容中的重点、难点和疑点等以视频的方式展现出来。它的设计与制作都是从幼儿的角度出发，充分体现以幼儿为主体的教学原理。

1. 微课的特点

微课所讲授的内容具有点状化、碎片化的特点，它是对课堂教学的有效补充，不仅适合"移动学习"时代知识的传播，也满足幼儿个性化深度学习的需要。在幼儿园教学课件方面，微课主要用于课堂教学或课后辅助。微课通常用于给特定人群传递特定知识和内容，因此，一节微课所传达的知识点需要具备系统性，而一组微课所传达的知识点则需要具备全面性。综上所述，微课具有以下特点。

（1）授课人讲授性。讲课的教师可以在视频中出镜，也可以只提供声音。

（2）流媒体播放性。能够使用视频、动画等格式基于网络流媒体播放。

（3）教学时间较短。微课时长一般在5～10分钟为最佳，且最短不应少于1分钟，最长不应超过20分钟。

（4）教学内容较少。所授知识只涉及某个学科的知识点或技能点。

（5）资源容量较小。可以在移动设备上播放。

（6）精致教学设计。完全的、精心的信息化教学设计。

（7）经典示范案例。真实的、具体的、典型案例化的教学情景。

（8）自主学习为主。幼儿可自主学习的课程，也是一对一的学习课程。

（9）制作简单实用。制作方法和制作设备多种多样，以实用为宗旨。

（10）配套相关资料。微课通常会配套相关的练习、资源及评价方法。

2. 微课的构成

微课是以教学目标为依据，围绕单一的、严格定义的知识点展开讲解的课程，主要包括微课视频、进阶练习和学习任务单3个组成部分。

（1）微课视频。微课视频通常用于解释知识点中的重要概念和内容、演示操作的方法和知识应用相关知识等。

（2）进阶练习。进阶练习是与微课视频配套的，通常采用在线测试的方法，检查幼儿对微课视频中的教学内容的掌握程度，是一种基于课程标准的查漏补缺的学习过程。

（3）学习任务单。学习任务单强调任务驱动和问题导向，通过学习任务引导幼儿思考问题，让幼儿在解决问题的过程中实现学习目的。

3. 微课的分类

由于制作方法和制作设备多种多样，因此微课有多种不同的分类方法。通常，微课的分类方法有以下3种。

（1）按照教学方法的不同，可将微课分为讲授类、讨论类、启发类、演示类、练习类、实验类、表演类、自主学习类、合作学习类和探究学习类等。

（2）按照教学环节的不同，可将微课分为课前预习类、新课导入类、知识理解类、巩固练习类和知识拓展类等。

（3）按照制作手段的不同，可将微课分为PPT类、录屏类、拍摄类、交互类等。

6.1.2 微课制作流程

在制作微课前，幼儿园教师需要先做好准备工作，即了解微课的制作流程。制作一节完整的微课应该包括微课选题、脚本设计、素材准备、微课制作和后期处理等环节，如图6-1所示。下面以制作"我长大了"微课为例，简要介绍微课制作流程。

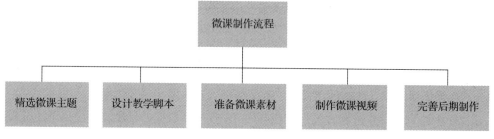

图6-1 制作微课流程

1. 精选微课主题

在幼儿园小班健康课中选择"我长大了"作为一个知识点设计一节微课，让幼儿在5分钟内反复观看，达到清晰识别儿歌、深入理解儿歌、对儿歌举一反三的目的，从而突破课本教学中的难点和重点。微课选题涉及的准备项目如表6-1所示。

表6-1 微课选题涉及的准备项目

准备项目	内容
选题目的	口齿清楚地朗诵儿歌，增强自我意识，体验成长的乐趣，引导幼儿发现美、思考美的思维方式
内容来源	幼儿园小班健康课："我长大了"
适用对象	幼儿园小班
教学目标	通过阅读儿歌，幼儿能提高文字阅读能力；通过观看微课视频学习儿歌，幼儿能体验到成长的乐趣
教学用途	课中讲解、课中游戏、课后思考等
知识类型	实验操作型
制作方式	拍摄、演示文稿、动画
预计时间	5分钟

2. 设计教学脚本

选择好微课主题后，就可以根据教学内容，对微课结构和教学环节进行设计。设计教学脚本有利于梳理教学思路，为微课制作提供依据。教学脚本设计具体如表6-2所示。

表6-2 教学脚本设计

微课结构	教学环节	脚本内容与设计思路
片头	呈现微课基本信息	显示微课主题，教师提供舒缓的背景音乐，营造轻松、愉快的学习氛围
导入	揭题设问题，兴趣导入	这里有一个讲述长大了的故事，下面我们来学习一下长大了通常表现在哪些方面（设计媒体情境，使用有对应性的图片）
正文讲解	围绕教学目标逐步引导，提出问题，引发思考	利用多媒体放映故事，其中包含朗诵、文字显示、相关图片呈现
		教师介绍长大了的特征，存在哪些变化
		教幼儿学习故事中的生字
小结	扩展练习，引发思考	练习：阅读故事，每名幼儿讲解一项长大了的变化。 思考：引发幼儿思考，长大后要干什么
练习	课后知识点巩固练习	练习故事中出现的生字，并能够口齿清楚地朗读出来

3. 准备微课素材

脚本旁白、图片、视频、音乐和音效等都是微课的主要构成要素，如图 6-2 所示。教学脚本设计完成后，确定了所需的媒体文件，就要开始准备制作需要的文字、图片、声音、动画、视频等内容。

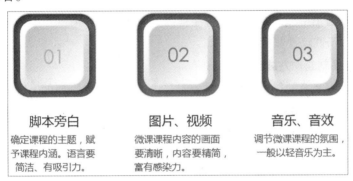

图6-2 微课的主要构成要素

（1）文字准备。微课讲解中需要的文字可以在文字处理软件中录入与编辑，如 Word、WPS Office 等。这些文字处理软件通常可以设置字体、字号和颜色等。大部分的多媒体课件制作软件也都支持文字的录入与编辑。

（2）图片准备。幼儿园教师可直接在网络中搜索、下载微课需要使用的图片，也可使用数码设备拍摄。获取的图片通常还需要通过图像处理软件，如 Photoshop、美图秀秀等，进行构图裁剪、大小调整、亮度调节与对比度调整等。

（3）声音准备。微课中使用的声音素材同样可以直接从网上搜索、下载，或使用计算机话筒录制声音。但最后还需要通过音频处理软件，如 Audition、Gold Wave 等，来剪切长度、去除噪声、添加合成等。

（4）动画准备。微课中使用的动画素材也可从网上搜索、下载，还可使用专门的动画制作软件，如 Flash 等，自行制作动画。初学者也可以将下载的动画素材进行二次加工，修改成个性化的、更符合教学要求的动画。

（5）视频准备。微课中要使用的视频素材可以从网上搜索、下载，还可以使用数码设备拍摄。但通常都需要利用视频处理软件，如会声会影、剪映等，进行剪切和编辑操作后才能在课件中使用。

4．制作微课视频

根据微课视频制作方法和技术的不同，通常可将微课分为拍摄型微课、录屏型微课、交互型微课和混合型微课，其制作方法各有千秋。例如，录屏型微课在完成音频和摄像头、屏幕像素、灯光设计、环境调试、熟悉演讲、理清思路等准备工作后，幼儿园教师只需要按"录制"按钮，借助屏幕录制软件，即可完成微课视频的自动录制。

5．完善后期制作

完善后期制作主要是对已经录制好的视频进行编辑、美化和保存，包括把视频片头和片尾的空白部分剪除，为视频的片头和片尾添加背景音乐等。

仔细检查、浏览微课后，对于不满意的地方，如间隔时间太长、间隔时间太短、标题不合理、镜头变化不自然等进行修改。

6.1.3　微课制作方式

微课的制作工具多种多样，根据制作工具的不同，常见的微课制作方式大体可分为软件屏幕录制、数码设备拍摄和综合类混合等制作方式。这些制作方式虽不同，但最终输出的文件格式都需要能进行网络视频播放。

1．软件屏幕录制制作方式

以软件屏幕录制为主的微课制作方式一般是由授课人独立完成的。常用的录屏型微课制作软件如图6-3所示。其中，利用Camtasia Studio不仅可以录制视频，还可以对微课进行后期编辑，如添加片头和字幕、剪辑视频、添加视频特效、添加配音、消除噪声等。

图6-3　常用的录屏型微课制作软件

2．数码设备拍摄制作方式

以数码设备拍摄为主的微课制作方式主要借助数码摄像机、数码相机、摄像头以及智能平板电脑和手机等完成。常用的数码设备如图6-4所示。通过这些设备对教学过程进行拍摄，然后使用视频编辑软件处理后生成微课。

图6-4　常用的数码设备

3. 综合类混合制作方式

除了上面介绍的微课制作方式外，还可以使用交互型 Articulate、综合型 Captivate、"可汗学院"平台、"微讲台"软件等制作微课，如图 6-5 所示。

图6-5 综合类混合制作的微课制作方式

6.1.4 微课制作环境

在制作多媒体课件之前，幼儿园教师必须先选择合适的制作环境，主要包括硬件环境和软件环境。因此，幼儿园教师必须了解微课制作常用的硬件设备，了解相关的软件。

1. 微课制作常用的硬件设备

在设计和开发微课前，除了必不可少的计算机和数码设备外，还需要购买相关的专业辅助设备，例如方便演示操作的无线鼠标激光笔、录音效果较好的电容式话筒、用于录制屏幕板书的数位板等设备，如图 6-6 所示。

图6-6 微课制作常用的专业辅助设备

2. 微课制作常用的软件

微课制作工具多种多样，表 6-3 展示了常用的微课制作软件。

表6-3 常用的微课制作软件

软件类别	软件名称	软件简介
录屏型微课制作软件	Camtasia Studio	Camtasia Studio 是美国 TechSmith 公司出品的屏幕录像和编辑软件套装，该软件提供了强大的屏幕录像、视频编辑、视频菜单制作、视频剧场和视频播放等功能，能够方便地进行屏幕操作的录制和配音、视频的剪辑和转场动画制作、添加文字说明字幕和水印、制作视频封面和菜单，以及视频压缩和播放等操作
	屏幕录像专家	屏幕录像专家是一款专业的屏幕录像制作工具，使用它可以轻松地将屏幕上的软件操作过程、网络教学课件、网络电视、网络电影、聊天视频等录制成 Flash 动画、ASF 动画、AVI 动画或者自动播放的 EXE 动画

续表

软件类别	软件名称	软件简介
交互型微课制作软件	Adobe Captivate	Adobe Captivate 软件可以让任何掌握编程知识或多媒体技术的人员真正快速地制作出功能强大、引人入胜的仿真、软件演示、基于场景的培训和测验。使用该软件时，通过简单地单击用户界面和使用自动化功能，即可轻松记录屏幕的操作、添加交互式学习方式、创建具有反馈选项的复杂分支场景等
白板型微课制作软件	SmoothDraw	SmoothDraw 是一款具有和 Painter 类似绘画质量的自然绘画软件，具备许多可调画笔、纸张材质模拟、多重线条平滑反走样、透明处理和多图层功能，支持压感绘图笔，以及图像调整和特效处理等。其优点是简单易用、上手快速、体积小。除了铅笔、钢笔、粉笔、蜡笔、喷枪、毛刷、图片喷管外，该软件还支持调整照片的明暗笔、模糊笔、锐化笔，以及 Painter 玩家上色平滑必备的水模糊笔。在图像调整方面，该软件集合了所有图像调整的常用功能，支持多种特效、各种绘图板
微课制作编辑软件	会声会影	会声会影是非常简单、好用的 DV、影片剪辑软件，具有图像抓取和编制功能，能够抓取和转换 MV、DV、V8、TV 等，实时记录抓取画面文件，并且能对录制的视频进行编辑，例如添加片头、精修视频、剪辑视频、添加转场和字幕等。该软件提供至少 100 种编制功能和效果，可以导出多种常用的视频格式，还可以直接制作成 DVD 和 VCD 光盘，支持各种编码，如音频和视频编码
	剪映	剪映是一款适用于手机、平板电脑、计算机等全终端的视频剪辑工具，其集成了音频、贴纸、花字、特效、滤镜等多种素材，同时支持 AI 识别字幕、AI 文本朗读、智能抠图、多视频轨和音频轨编辑等功能，简单易上手，操作便捷，普及度非常高
微课制作其他辅助工具	格式工厂	格式工厂是一款多功能的多媒体格式转换软件，可实现大多数视频、音频和图像等不同格式之间的相互转换，还可实现设置文件输出配置、增添数字水印等功能

6.2 制作"我长大了"微课

　　要达到幼儿园多媒体微课教学的教学目标，制作的微课最好新奇、有趣，这样能提升幼儿的学习兴趣。下面将使用剪映制作"我长大了"微课，并对其进行编辑，主要包括添加视频素材和图片素材、剪辑素材、制作片头与片尾、添加特效、添加字幕、添加声音和导出视频等操作。微课参考效果如图 6-7 所示。

图 6-7　"我长大了"微课参考效果

图 6-7 "我长大了"微课参考效果（续）

6.2.1 添加视频素材和图片素材

使用剪映制作视频时，需要先将需要的素材导入剪映的本地素材库。下面在剪映中添加视频素材和图片素材，其具体操作如下。

微课：添加视频素材和图片素材

（1）安装并启动剪映，在剪映主界面中单击"开始创作"按钮 ➕，如图 6-8 所示，进入剪映编辑界面。

（2）单击"导入"按钮 ，打开"请选择媒体资源"对话框，在其中选择视频素材"发芽.mp4"、"小鸡.mp4"、成长 1.png～成长 4.png、交朋友 1.png～交朋友 2.png（配套资源：\ 素材文件\第 6 章\发芽.mp4、\素材文件\第 6 章\小鸡.mp4、\素材文件\第 6 章\成长 1.png～成长 4.png、\素材文件\第 6 章\交朋友 1.png～交朋友 2.png），单击 打开(O) 按钮，如图 6-9 所示。

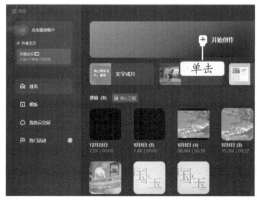
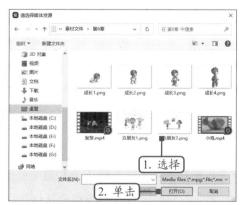

图 6-8 单击"开始创作"按钮　　　　　图 6-9 选择需要导入的素材

（3）视频素材和图片素材导入剪映后，会显示在"导入"面板中，如图6-10所示。

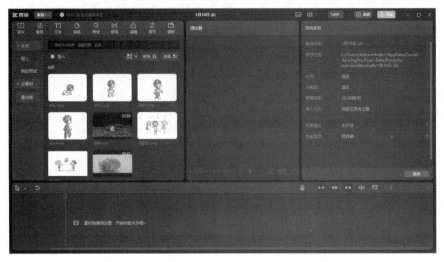

图6-10　导入的素材

6.2.2　剪辑素材

自己录制、下载的视频素材，可能并不完全符合教学需求，这时就需要对视频进行剪辑。下面对素材库中的视频进行剪辑，其具体操作如下。

（1）在素材库中选择"发芽.mp4"视频，按住鼠标左键不放，将其拖动到下方的视频轨道上，如图6-11所示，进入剪映编辑界面。

微课：剪辑素材

图6-11　将视频拖到视频轨道上

（2）单击视频播放面板下方的▶按钮，预览视频，并确认需要剪辑的视频片段。这里将视频轨道上的滑块向右拖动到00:00:10:10处，然后在工具栏中单击"分割"按钮⌷，如图6-12所示。

图 6-12　单击"分割"按钮

（3）此时，视频将从滑块所在位置分为两段。按照该方法，继续分割视频，如图 6-13所示。

图 6-13　继续分割视频

（4）在视频轨道上选择不需要的视频片段，如图 6-14 所示，按【Delete】键，将其删除。

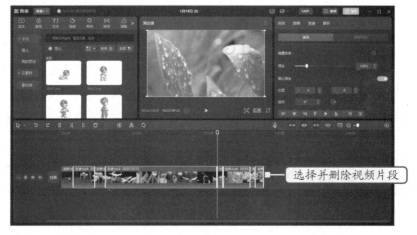

图 6-14　选择并删除视频片段

（5）在视频轨道上选择一个视频片段，在其上按住鼠标左键不放，将其拖动到视频轨道最前方，如图 6-15 所示，调整视频的播放顺序。

图 6-15　调整视频的播放顺序

（6）将素材库中的"小鸡 .mp4"视频素材拖到视频轨道上，可以发现，该视频素材的尺寸与"发芽 .mp4"视频素材不一致，在"播放器"窗口中选择"小鸡 .mp4"视频，视频四角将出现白色控制点，拖动白色控制点，调整视频的显示范围，使其与"发芽 .mp4"视频素材的尺寸一致，如图 6-16 所示。

图 6-16　调整视频尺寸

（7）按照前文介绍的方法，分割"小鸡 .mp4"视频素材，删除多余的视频片段，并调整视频的播放顺序，如图 6-17 所示。调整完成后，单击视频播放面板下方的▶按钮，预览视频。

图 6-17　分割视频并调整视频的播放顺序

（8）在视频轨道中单击并按【Ctrl+A】组合键，选择所有的视频片段，在其上右击，在弹出的快捷菜单中选择"分离音频"选项，将原视频素材的音频分离到音频轨道上，如图 6-18 所示。在音频轨道上选择所有的音频片段，按【Delete】键，将所有的音频片段删除。

图 6-18　分离音频

（9）将素材库中的"成长 1.png ～成长 4.png"拖到视频轨道上，将鼠标指针移动到视频轨道上的图片右侧，当鼠标指针变成◆┃◆形状时，按住鼠标左键不放向左拖动，减少图片的放映时长，如图 6-19 所示。

图6-19　调整图片的放映时长

（10）将素材库中的"交朋友1.png～交朋友2.png"拖到视频轨道上，调整所有图片的放映时长，调整后的效果如图6-20所示。然后在视频轨道上选择图片，在"播放器"窗口中调整图片的尺寸。

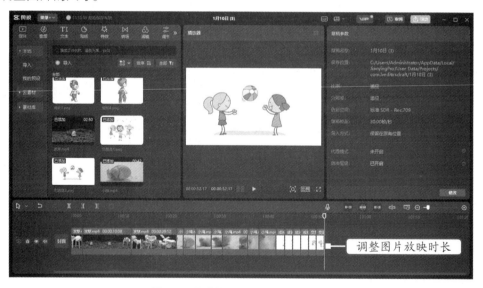

图6-20　调整其他图片放映时长后的效果

6.2.3　制作片头与片尾

片头可以提升微课视频整体的美观度，从而有效地引起观众的兴趣，而片尾的作用是首尾呼应、深化主题或突出情感。下面为微课视频添加剪映素材库中的片头与片尾，其具体操作如下。

（1）在剪映操作界面中单击"媒体"按钮■，选择"素材库"选项，在

微课：制作片
头与片尾

搜索框中输入"童趣 片头",按【Enter】键,在搜索结果中选择合适的片头,并将其拖动到视频轨道最前方,如图 6-21 所示。

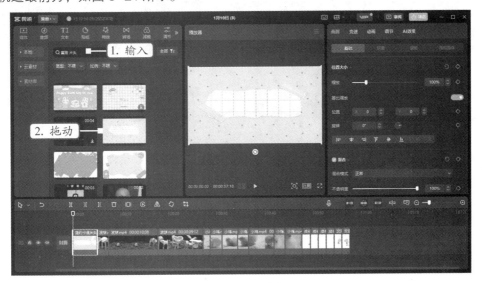

图 6-21　选择片头

（2）单击视频播放面板下方的▶按钮,预览片头。选择"素材库"选项,在搜索框中输入"成长",按【Enter】键,在"类型"下拉列表中选择"视频"选项,在搜索结果中选择合适的动画,将其拖动到视频轨道的末尾,如图 6-22 所示。

图 6-22　添加片尾视频

（3）选择添加的片尾视频,在其上右击,在弹出的快捷菜单中选择"分离音频"选项,将原视频素材的音频分离到音频轨道上,然后选择分离的音频片段,按【Delete】键,将其删除。

（4）继续选择片尾视频,拖动视频轨道上的滑块到视频中间位置,分割视频,然后选择最后的视频片段,将其拖动到图片之前,并调整视频的时长,如图 6-23 所示。

图6-23　分割视频并调整其顺序

6.2.4　添加特效

剪辑后的视频的过渡效果通常比较生硬，这时，可以通过添加转场特效使其拥有更加自然的过渡效果，还可以为不同的视频片段设置特效，使其呈现更好的视觉效果。下面为微课视频添加特效，其具体操作如下。

微课：添加
特效

（1）在剪映操作界面中单击"转场"按钮，在转场面板中将"叠化"转场效果拖动到视频轨道上片头动画与第一个视频片段之间，然后在右侧的"转场"面板中调整转场的时长，如图6-24所示。继续在其他视频片段之间添加同样的转场。

图6-24　添加转场效果

（2）在剪映操作界面中单击"特效"按钮，在特效面板中将"模糊"选项拖动到第2个视频片段上，在右侧的"特效"面板中调整"模糊度"为"80"，如图6-25所示。

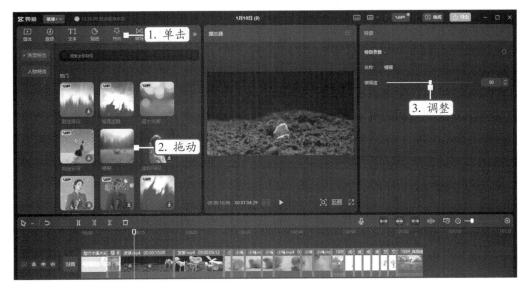

图 6-25　添加特效

（3）按照上述方法，分别为"小鸡.mp4"视频的第一个视频片段和图片之前的视频片段添加模糊特效，设置完成后预览特效，如图 6-26 所示。

图 6-26　预览模糊特效

6.2.5　添加字幕

　　幼儿园微课教学视频通常以图片、影音等表现形式为主，偶尔也需要添加字幕。下面为微课视频添加字幕，其具体操作如下。

　　（1）在剪映操作界面中单击"文本"按钮 **TI**，选择"花字"选项，然后选择一个花字样式拖动到时间轴上，创建一个文本轨道，调整文本的位置和播放时长，使其与"发芽.mp4"视频的第一个视频片段一致，如图 6-27 所示。

微课：添加
字幕

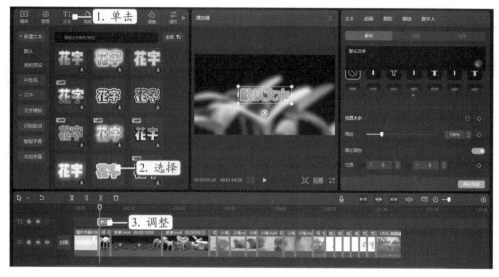

图 6-27　添加字幕

（2）在右侧的"文本"面板中将文本修改为"一粒种子长大了"，将文本的字体设置为
"糯米团"、字号为"22"、字间距为"-4"，如图 6-28 所示。

（3）选中"发光"复选框，在其下选择第 2 个选项，设置"强度"和"范围"分别为
"90""40"，如图 6-29 所示。

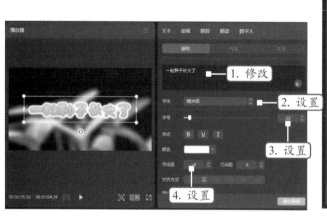

图 6-28　设置文本格式

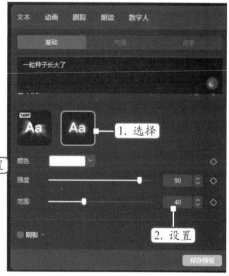

图 6-29　设置文本阴影和描边

（4）单击"文本"按钮，拖动一个默认文本样式到文本轨道上，调整文本的位置和
播放时长，将文本修改为"它从泥土里钻出来"，在"播放器"窗口中调整文本大小和位置，
如图 6-30 所示。

图 6-30　添加默认文本样式的字幕

（5）按照上述方法，依次在时间轴上添加其他文本，如"摇摇晃晃的""越长越高 越长越大""它从蛋壳里钻出来""我也长大了""还交到了很多好朋友""我长大了""小朋友们，还有哪些事情可以证明你长大了"。其中，"一只小鸡长大了""我也长大了""我长大了"文本设置与"一粒种子长大了"一致，其他文本与"它从泥土里钻出来"一致，效果如图 6-31 所示。同时，注意调整字幕的位置和播放时长。

图 6-31　添加其他字幕

 提示　　在添加相似的字幕时，为了提高制作效率，可以直接复制字幕。其方法是：选择需要复制的字幕，按【Ctrl+C】组合键，然后将视频轨道滑块定位到合适位置，按【Ctrl+V】组合键，将字幕复制到所需位置；选择复制的字幕，在"文本"面板中修改文本。

6.2.6　添加声音

微课视频中的声音主要包括解说声音、背景声音等，这两种声音可以从本地计算机中添加，也可以直接在剪映中通过朗读、音频等功能来添加。下面为微课视频添加解说声音和背景声音，其具体操作如下。

微课：添加声音

（1）在剪映操作界面中单击"音频"按钮，在"音乐素材"面板中的搜索框中搜索"童趣"，选择合适的声音并拖动到音频轨道上，其起始位置与片头保持一致。预览声音效果，然后选择音频轨道上的声音素材，将音频多余的声音分割并删除，如图 6-32 所示。

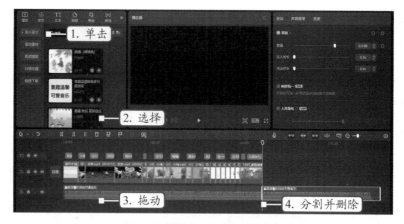

图6-32　添加并分割、删除背景声音

（2）再次选择音频轨道上的声音，在右侧的"基础"面板中设置淡入时长、淡出时长分别为"1.0s""2.0s"、音量为"-8.0dB"，如图6-33所示。

图6-33　设置声音

（3）在文本轨道上选择"一粒种子长大了"字幕，在右侧面板中单击"朗读"选项卡，在打开的面板中选择"萌娃"选项，单击右下方的 开始朗读 按钮，如图6-34所示，快速为视频添加"一粒种子长大了"的朗读声音。

图6-34　添加朗读声音

（4）按照上述方法，依次为除片头字幕外的其他字幕添加朗读声音，如图6-35所示。添加完成后，单击视频播放面板下方的▶按钮，预览朗读效果。

图 6-35　继续添加朗读声音

（5）在文本轨道上选择"它从泥土里钻出来"字幕，在其上右击，在弹出的快捷菜单中选择"停用片段"命令，如图 6-36 所示，停用隐藏该字幕效果。使用相同的方法，停用其他与"它从泥土里钻出来"字幕一样的字幕，完成整个视频的声音制作。

图 6-36　停用字幕

6.2.7　导出视频

完成视频的制作后，可以将视频导出为便于播放的格式。下面将微课视频导出为"MP4"格式，其具体操作如下。

微课：导出
视频

（1）预览整个视频效果，确认不需要修改后，单击剪映编辑界面右上角的 导出 按钮，如图 6-37 所示。

（2）打开"导出"对话框，在其中设置视频的名称、保存位置和格式等，单击 导出 按钮，如图 6-38 所示，导出视频（配套资源：\效果文件\第 6 章\我长大了 .mp4）。

图 6-37　单击"导出"按钮

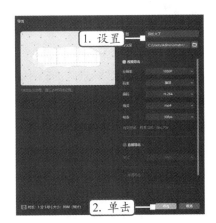

图 6-38　设置视频导出格式等

6.3　练习

本章主要介绍微课型课件的制作方法，具体介绍了使用剪映编辑视频的方法。学好这些知识，幼儿园教师应该能设计出更符合教学需要，且形式更新颖的多媒体课件。

1. 制作"神奇的形状"微课

本练习将使用"神奇的形状1.mp4～神奇的形状2.mp4"素材，通过导入素材、剪辑视频、添加片头等操作，制作微课视频，完成后的参考效果如图6-39所示（配套资源：\效果文件\第6章\神奇的形状.mp4）。

图6-39 "神奇的形状"微课参考效果

2. 制作"我也可以飞"微课

本练习将使用"我也可以飞.mp4""我也可以飞.jpg"素材，通过剪辑视频、添加声音、添加片头、添加字幕、添加转场等操作，制作微课视频，完成后的效果如图6-40所示（配套资源：\效果文件\第6章\我也可以飞.mp4）。

图6-40 "我也可以飞"微课参考效果

6.4 拓展知识

幼儿园教师制作微课视频时，可以使用专业工具生成视频，或从网络上下载视频，也可以使用手机等设备拍摄视频。拍摄视频虽然便捷、简单，但需要使用一些技巧来保证视频的质量。

1. 使用手机拍摄视频素材

使用手机拍摄手工制作类等取景范围较小的视频时，通常可以采用固定式垂直拍摄、固定式水平拍摄等方法，即将手机固定，在手机拍摄区域中进行操作。如果要拍摄取景范围较大的视频，如拍摄户外各种植物时，则可以使用云台、自拍杆等设备，边移动边拍摄视频。

2. 拍摄视频时的光线处理

微课大多数时候在教室中使用，为了有较好的播放效果，视频素材本身最好有恰当的亮度，因此在拍摄时要注意对光线的处理。

（1）后期补拍和编辑。可以多角度拍摄视频。针对光线不理想的片段进行补拍，后期通过剪辑的方式将补拍的片段编辑到视频中。

（2）区域布光法。对于视频中活动比较频繁的区域，可以使用较强的布光，而在有投影的区域可使用较暗的布光。这些布光可以采用聚光灯、追光等方式来实现。

（3）改善投影仪的质量。尽可能选择高亮度、高分辨率的投影仪，从根本上解决曝光不足和曝光过度的问题。

Kindergarten

第7章
其他多媒体课件制作工具

在现代教学中，不同形式、不同功能的多媒体课件在不同的教学情景中可以发挥出不同的作用。对幼儿园教学来说，课件形式和功能的丰富性可以极大地提升幼儿的学习兴趣。因此，本章将主要介绍使用不同的多媒体课件制作工具制作图文、动画、H5等不同形式课件的方法。通过学习本章内容，幼儿园教师能够轻松、高效地制作出各种多媒体课件。

学习目标

● 使用PPT插件。

● 使用万彩动画大师。

● 使用H5制作软件。

素养目标

● 广泛吸收知识，紧跟时代潮流，将新工具、新理念巧妙应用于操作实践。

● 培养责任感、合作意识，多交流、勤沟通，激发创新思维，产出创新成果。

7.1　PPT插件

PPT是制作教学课件的重要工具，但其使用比较烦琐，尤其是版面设计、字体设计等的制作，往往需要花费大量时间去设计和调整。因此，幼儿园教师可以使用一些简单易上手的PPT插件来提高PPT课件的制作效率和美观度。

7.1.1　常见的PPT插件

PPT插件大多是PPT辅助设计工具，通常可提供大量主题模板、色彩方案、字体方案、图片素材等，支持快速更换字体、色彩、主题、背景等，可以根据文字内容实现快速排版。部分PPT插件还支持AI设计，可以一键生成PPT。不同PPT插件有不同的功能、特色，用户可以根据实际需求选择。

1. iSlide

iSlide是一款可以有效改善PPT编辑过程中重复操作问题的插件，它提供了统一字体、统一段落、统一色彩、矩阵布局、矩阵裁剪、环形布局、环形裁剪、智能选择、控点调节、序列动画、补间动画、增删水印、PPT拼图、PPT瘦身等十分丰富的功能。另外，它还提供了海量模板库，支持一键插入，以及AI创作PPT功能，可以极大提高PPT制作效率。在iSlide的官方网站中下载并安装iSlide后，PowerPoint 2016中将显示"iSlide"选项卡，单击该选项卡会显示iSlide具有的功能，如图7-1所示。

2. 稿定PPT

稿定PPT是一款功能十分强大的PPT设计插件，支持插件下载与安装，也支持在线编辑。它提供了适用于商务、教育、金融等多用途场景的模板，以及图片、插画、图标、字体等素材，这些素材大多都具有较强的设计感，直接应用和修改这些素材可以帮助用户节约大量的设计时间。同时，稿定PPT还支持多种格式文件的导入导出，十分便于PPT课件的输出与保存。图7-2所示为稿定PPT在线编辑页面，在页面左侧可以选择要使用的模板、素材、文字、图片等，在页面右侧可以对所选素材进行编辑。

图 7-1　"iSlide"选项卡

图 7-2　稿定 PPT 在线编辑页面

3. 小顽简报

小顽简报是一款开源的PPT插件，提供了视图设计、对象设计等多种功能，如批量处理图片、一键清除格式等。下载并安装小顽简报后，PowerPoint 2016中将显示"简报"选项卡，单击该选项卡会显示小顽简报具有的功能，如图7-3所示。

图 7-3　"简报"选项卡

4．OK插件

OK插件是一款PPT美化插件，提供了形状处理、调色、三维处理、图片处理、演示辅助、表格处理、音频处理等多种功能，可以大大提高PPT课件的制作效率。下载并安装OK插件后，PowerPoint 2016中将显示"OneKey Lite"选项卡，单击该选项卡会显示OK插件具有的功能，如图7-4所示。

图 7-4　"OneKey Lite"选项卡

5．MotionGo

MotionGo是一款PPT动画插件，提供了八大在线动画库和大量智能动画，可以实现数据可视化，还可以快速制作动态图标、3D词云图等，让课件的演示更加专业、灵活。同时，MotionGo还提供了AI创作功能，可以通过智能对话一键生成PPT。MotionGo插件可以下载、安装到计算机中后使用，也可以在线使用。图7-5所示为MotionGo编辑界面。

图7-5　MotionGo 编辑界面

7.1.2 制作"认识医生和护士"课件

在制作PPT课件时，人们可能会在背景设计、内容设计、动画设计等方面进行大量的重复操作，合理使用PPT插件可以有效降低重复操作频率，提高课件制作效率。此外，PPT插件中提供的插图、图片等素材，也可以提升幻灯片的美观度。

1. 背景设计

背景是影响PPT课件视觉效果的重要设计元素，下面将新建课件，并运用形状、插图、图片等设计背景，其具体操作如下。

（1）启动 PowerPoint 2016，新建一个演示文稿，并将其命名为"认识医生和护士"。

（2）选择第一张幻灯片，在"OneKey Lite"选项卡的"形状组"中单击"插入形状"按钮，在打开的下拉列表中选择"全屏矩形"选项，如图 7-6 所示。

（3）此时幻灯片中会插入一个全屏矩形，将该矩形的形状轮廓设置为"无"，填充颜色设置为"RGB"颜色模式下的"157""217""217"，单击 确定 按钮，如图 7-7 所示。

图7-6 插入全屏矩形

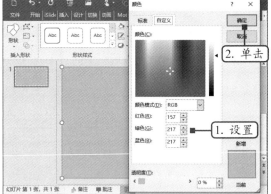

图7-7 设置矩形颜色

（4）在"iSlide"选项卡的"资源"组中单击"插图库"按钮，打开"插图库"面板，在其中选择一个插图，将鼠标指针移到该插图上，单击 按钮，可将插图插入幻灯片，如图 7-8 所示。

（5）选择插入幻灯片的插图，调整其大小与全屏矩形一致，然后保持整个插图的选择状态，在"格式"选项卡的"形状样式"组中单击"形状填充"按钮，在打开的下拉列表中选择"其他填充颜色"选项，在打开的"颜色"对话框中将插图的填充颜色设置为"白色"，透明度设置为"80%"，单击 确定 按钮，如图 7-9 所示，将插图设置为幻灯片的背景。

（6）在第一张幻灯片中插入形状，设置形状的样式。然后在幻灯片中插入图片，调整形状和图片的位置，效果如图 7-10 所示。

（7）在第一张幻灯片中插入文本框，在其中输入文本，并设置文本的字体格式，效果如图 7-11 所示。

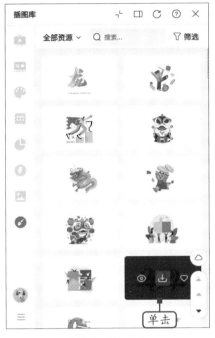

图7-8　插入插图

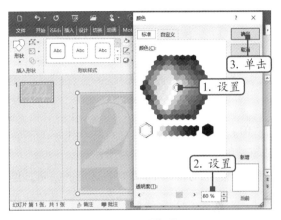

图7-9　设置插图

图7-10　插入形状、图片等对象的效果

图7-11　插入文本的效果

（8）选择两个文本框，在"OneKey Lite"选项卡的"辅助组"中单击"一键转图"按钮，在打开的下拉列表中选择"原位转 PNG"选项，如图 7-12 所示。

（9）在"幻灯片"窗格中单击并按【Enter】键，新建 11 张空白幻灯片，同时选择这 11 张空白幻灯片，在"OneKey Lite"选项卡的"形状组"中单击"一键去除"按钮，在打开的下拉列表中选择"去占位符"选项，如图 7-13 所示，一键删除所有幻灯片中的占位符。

提示　利用OK插件中的"一键去除"功能可以一键去除很多对象，包括形状、图片、版式、动画、文字等。当教师需要使用某个PPT课件的模板，但不需要其中的内容时，就可以运用该功能一键去除其中的内容，再重新添加需要的内容。

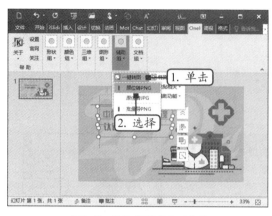

图7-12　选择"原位转PNG"选项

图7-13　删除所有幻灯片中的占位符

（10）选择第2张幻灯片，在其中绘制一个圆角矩形，并编辑圆角矩形的锚点，将其调整成不规则形状，如图7-14所示。

（11）绘制5个圆形和1个三角形，将其组合成云朵形状，再绘制1个圆形，置于云朵形状下层，将云朵和圆形组合在一起，并设置填充颜色和形状轮廓，效果如图7-15所示。

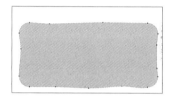

图7-14　编辑圆角矩形

图7-15　绘制云朵和太阳形状

（12）按照上述方法，为其他空白幻灯片设置背景，效果如图7-16所示。

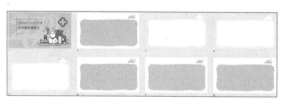

图7-16　设置其他幻灯片背景后的效果

2. 内容设计

借助PPT插件的批量设计功能或AI功能，可以快速为PPT中的文本等对象应用格式。下面统一设置课件的字体格式和段落格式，其具体操作如下。

微课：内容设计

（1）在第2～12张幻灯片中插入图片和文本框，并在文本框中输入文本。第2张幻灯片效果如图7-17所示。

（2）在"Chat PPT"选项卡的"AI创作"组中单击"ChatPPT"按钮 ，打开"ChatPPT"窗格，在其下方的文本框中输入指令，这里输入"将所有文本的字体设置为微软雅黑"，按【Enter】键，如图7-18所示。

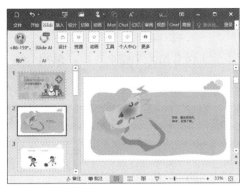

图7-17　插入图片和输入文字后的第2张幻灯片

图7-18　统一设置字体格式

（3）"ChatPPT"将把 PPT 中的所有字体格式设置为"微软雅黑"，继续在文本框中输入指令，这里输入"将所有文本的字号设置为 24"，如图 7-19 所示。

（4）返回幻灯片编辑区，可以看到所有文本的字号均已设置为 24，然后根据排版需求，调整文本框的位置。第 12 张幻灯片效果如图 7-20 所示。

图7-19　统一设置文本字号

图7-20　调整文本框位置后的第12张幻灯片

（5）在"iSlide"选项卡的"设计"组中单击"一键优化"按钮，在打开的下拉列表中选择"统一段落"选项，如图 7-21 所示。

（6）打开"统一段落"对话框，将"行距"设置为"2.00"，选中"所有幻灯片"单选按钮，如图 7-22 所示，单击"应用"按钮，为所有幻灯片应用该段落设置效果。

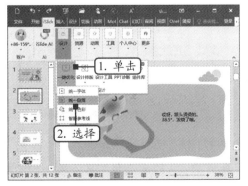

图7-21　选择"统一段落"选项

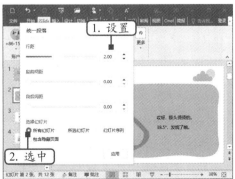

图7-22　统一段落设置

（7）依次选择第 7 张幻灯片中的两张图片，在"简报"选项卡的"对齐与分布"组中单击 按钮，如图 7-23 所示。

（8）图片将以后选图片的底端为标准进行对齐，效果如图 7-24 所示。使用上述方法，分别对其他幻灯片中的图形进行对齐操作。

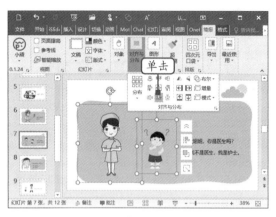
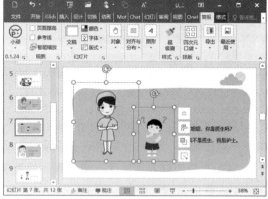

图7-23　对齐图片　　　　　　　　　　　　　图7-24　对齐效果

3. 动画设计

PowerPoint 2016 中的动画通常需要单独设置，使用 PPT 插件，可以为课件快速应用动画。下面为课件应用全文动画，其具体操作如下。

（1）选择第 1 张幻灯片，在"Motion Go"选项卡的"在线 Motion"组中单击"全文动画"按钮 ，如图 7-25 所示。

（2）打开"全文动画库"窗格，在其中预览并选择一种全文动画效果，然后单击其下方的 按钮，如图 7-26 所示。

图7-25　单击"全文动画"按钮　　　　　　　图7-26　下载全文动画

（3）将该全文动画应用到所有幻灯片中，按【F5】键，预览动画效果，如图 7-27 所示。预览动画后，若无须修改，保存演示文稿（配套资源：\效果文件\第 7 章\认识医生和护士 .pptx）。

图7-27　预览动画效果

　MotionGo不仅可以快速为课件应用简单动画，还可以添加交互功能更强的交互动画，如单击翻转图片等。其方法为：在"在线Motion"组中单击"交互动画"按钮，在打开的窗格中选择并应用动画。此外，MotionGo还支持为课件添加AI配音，在"Motion实验室"组中单击"AI演示配音"按钮，在打开的窗口中输入需要配音的文本内容，并选择所需的AI声音即可。

7.2　万彩动画大师

在幼儿教学中，动画课件具有十分明显的教学作用，教师可以灵活运用一些操作简单、便捷高效的动画制作工具来制作动画类课件。万彩动画大师就是一款简单易上手的MG动画视频制作软件，它不仅可以用于制作企业宣传动画、动画广告、营销动画等，还可以用于制作微课视频。

7.2.1　了解万彩动画大师

万彩动画大师是一款十分容易上手的动画视频制作软件，其界面简洁，动画模板丰富，用户不需要具备专业的动画制作技能，也可快速制作出微课视频等。万彩动画大师提供了模板、镜头特效、图片、场景、文本动画、背景音乐、图形组合、动画角色等大量的动画制作素材，以及文本转语音、导入PPT等十分实用的辅助功能，用户可以基于模板快速创作动画，也可以独立设计动画。万彩动画大师操作界面如图7-28所示。

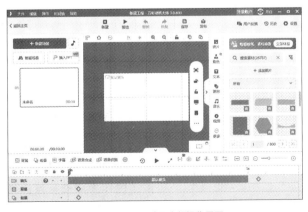

图7-28　万彩动画大师操作界面

7.2.2　制作"儿童英语启蒙"课件

下面使用万彩动画大师制作"儿童英语启蒙"课件，其具体操作如下。

（1）打开万彩动画大师，在其主界面中单击"新建工程"按钮，如图 7-29 所示。

微课：制作
"儿童英语
启蒙"课件

图7-29　新建工程

（2）在打开的场景面板中单击+按钮，新建空白场景，进入万彩动画大师的动画编辑界面，如图 7-30 所示。

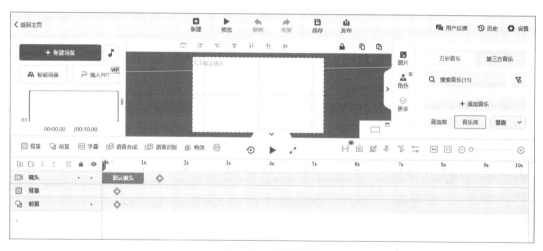

图7-30　动画编辑界面

（3）在"背景"轨道上单击◆按钮，在打开的面板中单击"背景颜色"选项卡，选择"自定义颜色"选项，再单击+按钮，在打开的面板中单击"颜色设置"右侧的色块，在打开的颜色面板中设置颜色值为"#6CDEFF"，如图 7-31 所示。

（4）单击空白区域确定颜色设置，返回上一级面板，单击 ▇▇▇ 按钮，在返回的面板中选择设置好的颜色选项，如图 7-32 所示，将该颜色作为动画背景。选择颜色选项后单击空白区域，可返回动画编辑界面。

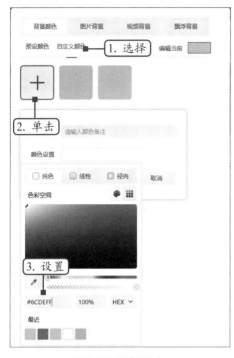

图7-31　自定义颜色

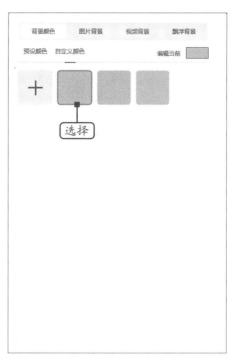

图7-32　选择设置好的颜色选项

（5）在"背景"轨道中选择"纯色背景"，拖动其右侧的控制点，调整播放时长至 2.6s 处，如图 7-33 所示。按照上述方法，添加一个纯色背景，其颜色为"#FFC000"。

（6）在"前景"轨道上单击◈按钮，在打开的"前景"面板中单击"星光"选项卡，在其下方的列表框中选择"彩色光点"选项，如图 7-34 所示。

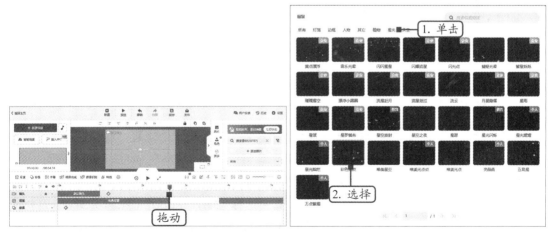

图7-33　调整纯色背景播放时长　　　　　　　　图7-34　选择前景

（7）在"前景"轨道上选择添加的前景，拖动其上的控制点，调整各段动画的播放时长。选择前景动画，按住鼠标左键不动进行拖动，调整前景动画出现的时间，如图 7-35 所示。

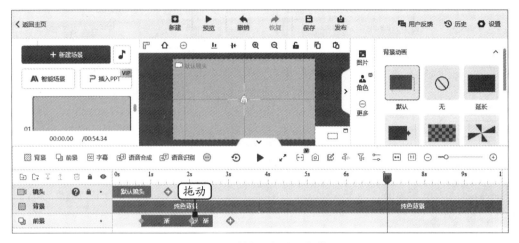

图7-35　调整前景动画出现的时间

（8）在动画编辑界面右侧单击"音乐"按钮♪，在打开的面板中单击"添加音乐"按钮 ＋添加音乐，在打开的下拉列表中选择"添加到当前场景"选项，如图7-36所示。

（9）打开"请选择音乐文件导入"对话框，在其中双击需要导入的音乐文件，如图7-37所示。

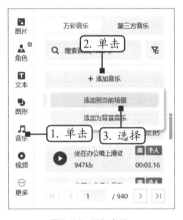

图7-36　添加音乐

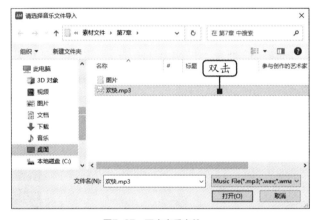

图7-37　双击音乐文件

（10）此时，万彩动画大师将自动为添加的音乐文件新建一个轨道，双击轨道上的音乐文件，打开"声音编辑"对话框，在其中将音乐音量设置为"50%"，如图7-38所示。

（11）在动画编辑界面右侧单击"图片"按钮■，在打开的面板中单击"添加图片"按钮＋，打开"请选择图片文件"对话框，在其中选择"图片1.png"（配套资源：\素材文件\第7章\动画素材\图片1.png），添加至背景中，如图7-39所示。

（12）在动画预览窗口中选择添加的图片，图片四周将出现控制点，拖动控制点调整图片的大小和位置，如图7-40所示。

（13）按照上述方法，继续添加其他图片，调整图片的大小和位置，调整后的效果如图7-41所示。

图7-38　设置音量

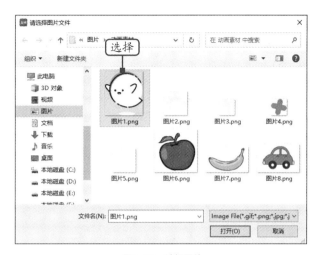

图7-39　选择图片

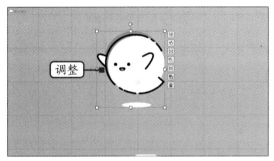

图7-40　调整图片

图7-41　设置其他图片后的效果

（14）添加图片后，每张图片都有一个单独的轨道，且自动应用了动画效果，如图 7-42 所示。

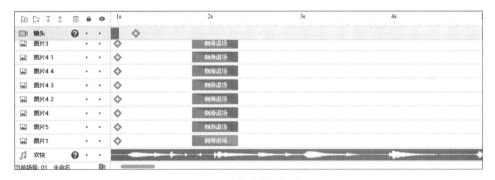

图7-42　图片默认的动画效果

提示

通常，万彩动画大师会自动为图片添加一个进入动画和退出动画，在轨道上双击相应动画，可以对默认的动画进行更换。单击轨道上的⊕按钮，可以添加动画。

（15）选择"图片1"的进入动画，双击，打开"进场效果"面板，选择"运动"选项，在动画列表中选择"右方滑入"选项，如图7-43所示，为图片1应用该动画。

（16）双击"图片1"的退出动画，将其修改为"侧滑退场"，如图7-44所示。

图7-43　设置进入动画　　　　　图7-44　设置退出动画

（17）按照上述方法，为其他图片应用"旋转进入"的进入动画和"花屏退场"的退出动画，如图7-45所示。

（18）依次调整每个图片的动画开始时间和持续时间，调整后的轨道如图7-46所示。

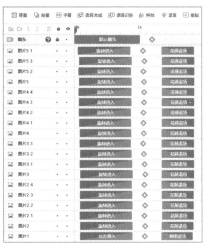
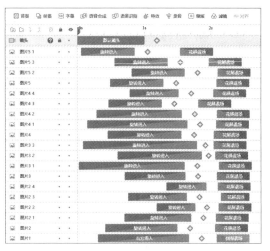

图7-45　设置其他图片的进入动画和退出动画　　　　　图7-46　调整后的轨道

（19）将时间轴滑块拖至2s位置，在动画编辑界面右侧单击"文本"按钮 🅣，在打开的面板中选择"基础文字"栏中的第一个选项，如图7-47所示。

（20）此时将添加一个文本对象，在动画预览窗口中选择添加的文本框，将默认文本修改为"认识ABC"，设置字体为"华康少女体"、字号为"60"、字体颜色为"#FF0000"，如图7-48所示。

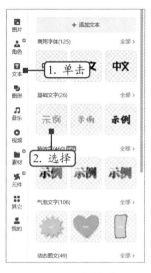

图7-47　选择文本样式

图7-48　设置文本样式

（21）调整文本框的位置，并为其添加"手绘"进入动画和"镜花水月退场"退出动画，效果如图 7-49 所示。

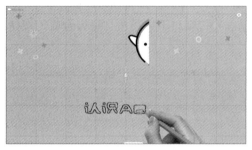
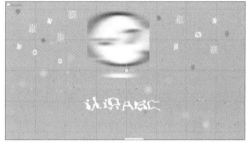

图7-49　手绘进入动画和镜花水月退出动画

（22）调整文本动画的进入时间和退出时间，进入动画可稍晚于图片 1 的动画，退出动画与其他图片的退出动画一致，这样可以保证文字与图片同时退出场景。

（23）在 2.8s 处插入苹果图片，以及"A""Apple"文本，文本格式与"认识 ABC"设置一致。设置苹果图片的进入动画为"轮盘滑入"、退出动画为"侧滑退场"，设置"A""Apple"的进入动画为"手绘"、退出动画为"擦除"，然后依次调整这 3 个对象的动画开始时间和持续时间，苹果图片动画最先入场，接着"A"文本动画入场、出场，接着"Apple"文本动画入场、出场，最后苹果图片动画出场，如图 7-50 所示。这样设置可以让文本依次入场，再依次退场，效果如图 7-51 所示。

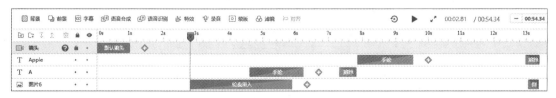

图7-50　苹果图片与两个文本的动画设置

图7-51 文本依次入场效果

（24）按照上述方法，依次在13.5s、22.5s处插入香蕉图片和汽车图片（配套资源：\素材文件\第7章\……），并添加"B""Banana""C""Car"文本，其设置方式、动画效果等与苹果图片的动画设置一样。在33.5s处插入"Bye"文本，其设置与其他文本一致。

（25）将时间轴滑块拖动到4.5s位置，在动画预览窗口下方单击"语音合成"按钮，如图7-52所示。

图7-52 单击"语音合成"按钮

（26）在打开的面板中选择"阿里云角色"选项，在其下方的列表框中选择一个声音选项，在右侧文本框中输入"A"，单击 应用 按钮，如图7-53所示，即可合成A的朗读声音。

（27）在声音轨道中调整"A"的播放时间，使其与文本"A"的出现时间一致，如图7-54所示，即书写"A"的动画出现时，朗读"A"。

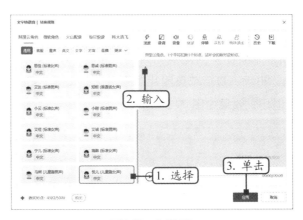

图7-53 合成语音

图7-54　调整朗读声音"A"的播放时间

（28）按照上述方法，依次合成"Apple""B""Banana""C""Car"的朗读声音，并调整其播放时间，使其与对应的文本动画播放时间保持一致，如图7-55所示。

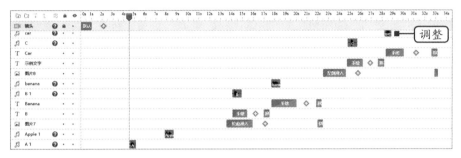

图7-55　合成其他朗读声音

（29）单击动画预览窗口下方的"预览"按钮▶，预览动画。然后单击动画预览窗口上方的"发布"按钮，打开"发布作品"对话框，在其中单击"保存到"右侧的按钮，如图7-56所示。

（30）打开"请选择视频文件"对话框，在其中设置动画的保存位置和文件名，单击 保存(S) 按钮，如图7-57所示，返回"发布作品"对话框，单击 发布 按钮，完成动画课件（配套资源：\效果文件\第7章\儿童英语启蒙 .mp4）的保存。

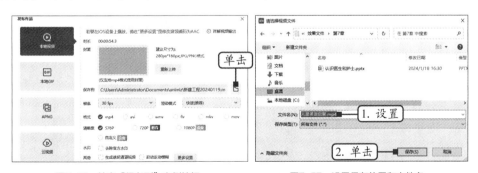

图7-56　单击"保存到"右侧按钮　　　　图7-57　设置保存位置和文件名

7.3 H5制作软件

随着移动互联网技术的不断发展，以及移动设备的不断普及，基于移动互联网技术和移动设备的H5（HyperText Markup Language 5，超文本标记语言）开始被广泛应用于各行业和各领域。简单来讲，H5就是一个网页，它可以放置文本、图片、音频和视频等多种媒体元素，具有较强的传播性和跨平台应用性。在教育教学领域，教师可以通过H5制作融合多种媒体形式的微课，让学习更具有互动性和娱乐性，还可以通过H5设计交互问答，及时收集家长反馈信息等。

7.3.1　常见的H5制作软件

H5制作软件大多功能丰富、操作便捷。目前，很多服务方都推出了面向各行业、各领域用户的H5制作软件或平台，常见的有MAKA、易企秀、木疙瘩等。

1. MAKA

MAKA是一个综合性的创意设计工具和内容营销平台，它提供了多种设计服务，包括手机海报、H5、办公文档、GIF动图、新媒体素材、电商详情页、社交名片、视频等多种设计类型，每种设计类型均提供海量模板，用户只需要简单修改文字、替换图片，即可快速设计出精美作品。MAKA的H5设计页面如图7-58所示。

图7-58　MAKA的H5设计页面

2. 易企秀

易企秀是一个借助大数据、AI、云计算等技术，打造的一体化创意设计营销平台，包括H5、海报、长页、表单、互动、视频等多个创意设计工具，可快速设计并生成H5、海报图片、营销长页、问卷表单、互动抽奖小游戏、特效视频等作品。易企秀提供了大量的素材和模板，用户无须具备专业设计知识，也可快速设计出专业、精美的H5作品。图7-59所示为易企秀的H5设计页面。

图7-59　易企秀的H5设计页面

3. 木疙瘩

木疙瘩是一站式全场景内容生产编辑器套件，可以一站式生产App图文、微信图文、网页专题、交互H5动画等内容，其提供了模板编辑、简约编辑、专业编辑等多种功能，用户可以根据需要，设计出包含文字、图片、音频、视频、图表、全景、动画等丰富媒体形式的作品。木疙瘩的H5设计页面如图7-60所示。

图7-60　木疙瘩的H5设计页面

7.3.2　制作"幼儿园开学季家长会邀请函"H5

邀请函是常见的H5设计类型，通过H5设计的邀请函不仅图文并茂，动态效果精美，而且可以进行填写表单等交互操作，极大地提升了H5设计的功能性。下面使用易企秀制作"幼儿园开学季家长会邀请函"H5，其具体操作如下。

微课：制作
"幼儿园开学
季家长会邀请
函"H5

（1）在浏览器中搜索"易企秀"，进入"易企秀"官方网站，在其顶部的"全部"下拉列表中选择"H5"选项，在其右侧的文本框中输入"开学季"，如图 7-61 所示，然后按【Enter】键进行搜索。

图7-61　搜索H5模板

（2）打开的搜索结果页面中将显示与"开学季"有关的 H5 模板，如图 7-62 所示，将鼠标指针移动到邀请函模板上可以预览模板效果。

图7-62　搜索到的H5模板

（3）选择合适的模板，在打开的页面中单击 立即制作 按钮，进入 H5 编辑页面，选择第
1 页页面中的文本框，按【Delete】键将其删除，如图 7-63 所示。

（4）在页面左侧单击"图文"按钮☲，在打开的面板中选择图 7-64 所示的图文样式，
将其添加到第 1 页的页面中。

图7-63　删除对象

图7-64　添加图文样式

（5）在中间的 H5 编辑页面中选择添加的图文对象，调整其位置，页面右侧将打开"模
板设置"面板，在其中可以修改图文对象中的文本和形状等的设置，如图 7-65 所示。

（6）单击"形状 2- 形状颜色 1"下方的色块，在打开的颜色设置面板中选择橙色，如
图 7- 66 所示，将"形状 2- 形状颜色 1"的颜色设置为橙色。

图 7-65　"模板设置"面板

图 7-66　修改颜色

（7）按照上述方法，修改图文对象中其他形状和文字的颜色，效果如图 7-67 所示。

（8）双击图文对象下方的文本框，选择并修改其中的文本，在右侧打开的"组件设置"面板中设置文字的字体与字号，如图 7-68 所示。

图7-67　图文对象修改后的效果

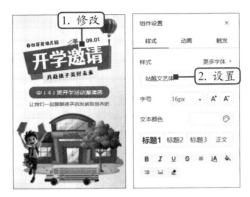

图7-68　设置文字的字体与字号

（9）在页面右侧的导航窗格中选择第 2 页，在页面编辑区删除图片，调整文本框位置，然后对其中的文本进行修改，如图 7-69 所示。

（10）选择页面中的气球图片，在右侧打开的"组件设置"面板中单击 ↻换图 按钮，如图 7-70 所示。

图7-69　修改文本

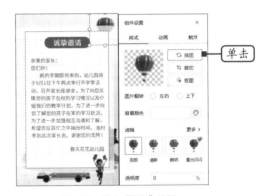

图7-70　单击"换图"按钮

（11）打开"图片库"面板，在搜索框中输入"热气球"，按【Enter】键进行搜索，在"价格"右侧选择"免费"选项，在筛选结果中选择图 7-71 所示的底纹样式。

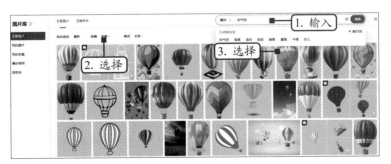

图7-71　选择图片库中的形状

（12）按照上述方法，替换其他页面中的气球图片。选择第5页，删除其中的图片，将标题文本修改为"校园环境"，在页面上方单击"图片"按钮，打开"图片库"面板，在"图片库"面板的左下角单击 本地上传 按钮，在打开的对话框中双击需要使用的图片，将其上传至图片库中，如图7-72所示。

（13）在图片库中选择上传的图片，将其添加至H5页面中，如图7-73所示。

图7-72　上传本地图片至图片库　　　　图7-73　将图片添加至H5页面

（14）在"组件设置"面板中单击 裁切 按钮，打开"图片裁切"面板，在其中裁切图片，裁切完成后单击 确定 按钮，如图7-74所示。

（15）在"组件设置"面板的"滤镜"栏中选择"清新"选项，如图7-75所示，为图片应用滤镜效果。

（16）按照上述方法，添加并编辑其他图片。

图7-74　裁切图片　　　　　　　图7-75　为图片应用滤镜效果

（17）选择第8个页面中的地图，在"组件设置"面板中重新设置导航地点，同时调整地图的大小，如图7-76所示。

（18）将鼠标指针移动到页面上方的"营销获客"选项上，在打开的下拉列表中选择"拨打电话"选项，可在页面中插入一个拨打电话组件，在"组件设置"面板中设置"点击跳转"为"拨打电话"，并输入手机或电话号码，如图 7-77 所示。

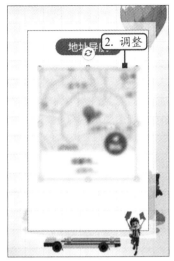

图7-76 设置地图

图7-77 设置点击跳转操作

提示

如果H5模板中没有地图等组件，可以在页面上方单击"组件"按钮▩或"营销获客"按钮▩，在打开的下拉列表中选择相应的组件，将其添加到页面中，再进行编辑即可。此外，用户也可以根据需求添加投票、输入框、表单、画画等各种样式的组件到页面中。

（19）在页面右侧的导航窗格中选择第 4 个页面，单击页面右侧的"删除当前页面"按钮▩，将其删除，如图 7-78 所示。按照该方法，删除第 6 个、第 7 个页面。

（20）选择第 1 个页面中的图片，在"组件设置"面板中单击"动画"选项卡，在"动画 1"右侧单击"删除"按钮▩，删除该图片的动画，如图 7-79 所示。

（21）按照上述方法，删除其他页面中各对象的动画。

（22）在页面右侧的导航窗格中选择第 1 个页面，单击页面右侧的"设置当前页面翻页"按钮▩，打开"翻页动画设置"面板，在其中选择"放大"选项，单击▩▩▩▩▩按钮，再单击▩▩按钮，如图 7-80 所示，将该页面的翻页动画应用到每个页面中。

（23）同时选择第 1 页中的文本框和形状，在打开的"多选操作"面板中单击"动画"选项卡，再单击▩▩▩▩▩按钮，在打开的面板中选择"中心放大"选项，如图 7-81 所示，应用该选项对应的动画。

（24）按照上述方法，为其他页面中的文本、图片等应用不同的动画。设置完成后，单击页面右上角的▩▩▩▩按钮，预览效果。

（25）预览无误后，单击▩▩按钮，打开发布页面，其中将生成链接和二维码，如图 7-82 所示，他人通过分享的链接或二维码即可阅读内容和填写信息。

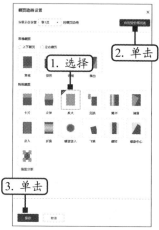

图7-78　删除页面　　　　图7-79　删除动画　　　　图7-80　应用翻页动画

微课：效果展示

图7-81　应用动画　　　　　　　图7-82　发布作品

提示　　　在直接使用模板制作H5页面时，模板中往往已经添加了背景音乐，如果音乐不适合H5页面内容，可以单击页面上方的"音乐"按钮♫，在打开的下拉列表中选择"删除音乐"选项或"更换音乐"选项，然后将合适的音乐添加至其中。

7.4 练习

本章主要介绍了使用其他多媒体课件制作工具制作课件的方法，包括使用PPT插件制作课件的方法、使用万彩动画大师制作课件的方法，以及使用H5制作软件制作H5的方法。掌握这些多媒体课件的制作方法，幼儿园教师应该能设计出种类更丰富、形式更新颖的课件，满足不同场景、不同内容的教学需求。

1. 制作"防溺水安全教育"课件

本练习将使用万彩动画大师制作"防溺水安全教育"课件，首先需要在万彩动画大师中搜索与"安全教育"相关的模板，再根据教学需求对模板内容进行修改，适当调整各个对象的声音、动画等，课件参考效果如图7-83所示。

图 7-83　"防溺水安全教育"课件参考效果

2. 制作"入园体验邀请"H5

本练习将使用易企秀制作"入园体验邀请"H5，首先需要在易企秀中选择合适的模板，再对模板中的图片、文本、组件、动画等内容进行修改，使其符合H5内容的需求，H5参考效果如图7-84所示。

图 7-84　"入园体验邀请"H5 参考效果

7.5 拓展知识

多媒体课件在现今的幼儿园教学中发挥着巨大的作用，因而幼儿园教师应尽可能多地了解多媒体课件制作工具，掌握多媒体课件制作工具的使用方法，以制作出更符合教学需求，且有助于幼儿身心发展的教学课件。

1. 手绘式课件制作

在幼儿教育中，画画是常用的一种教学手段，因此幼儿园教师可以选用一些手绘式课件制作工具来制作手绘式课件。万彩手影大师就是一款可用于制作手绘式课件的多媒体课件制作工具，它具有操作简单、快速出片的特点，内置了大量真人手指手势动画和海量素材。使用该工具，幼儿园教师可以快速制作出精美的手绘动画。图7-85所示为万彩手影大师操作界面。

图7-85　万彩手影大师操作界面

2. 互动电影式课件制作

互动电影式课件是充满个性化和趣味性的课件，具有动态、直观等特点，能满足幼儿园教学的要求。通常来说，很多动画制作工具都可用于制作互动电影式课件，但幼儿园教师也可以选择专门的动画电影制作工具，如优芽互动电影。优芽互动电影是一款在线动画制作工具，其内置了丰富的人物形象、场景素材、道具、音效等，支持对白文字智能化合成角色配音、剧本内容智能化合成动画影片，并且其创作流程十分简洁。优芽互动电影还提供了创新互动功能，可以设置趣味答题游戏，方便幼儿园教师与幼儿进行互动。